Marita Conlon-McKenna

Folgt immer dem Fluss

OMNIBUS

DIE AUTORIN

Foto: © privat

Marita Conlon-McKenna, 1956 geboren, verbrachte ihre Kindheit teils in Dublin, teils in einem Dorf an der irischen Küste. Schon von klein auf hatte sie den Wunsch, Schriftstellerin zu werden. »Folgt immer dem Fluss«, ihr erster veröffentlichter Roman für Kinder, erhielt den renommierten »International Reading Association Children's Book Award«. Die Autorin lebt heute mit ihrem Mann und vier Kindern in Dublin und schreibt an weiteren Kinder- und Jugendbüchern.

»Folgt immer dem Fluss« ist der erste Band einer Trilogie. Die Fortsetzung befindet sich Vorbereitung.

Marita Conlon-McKenna

Folgt immer dem Fluss

Aus dem Englischen von
Ulli und Herbert Günther

THIENEMANN TASCHENBUCH

THIENEMANN TASCHENBUCH BEI OMNIBUS

Band 26086

(Con 12 Fo12 dept A)

Umwelthinweis:
Dieses Buch wurde auf chlorfrei gebleichtem Papier gedruckt.

Erstmals als Thienemann Taschenbuch
bei OMNIBUS Februar 2001
OMNIBUS ist der Taschenbuchverlag
für Kinder und Jugendliche von Bertelsmann
Gesetzt nach den Regeln der Rechtschreibreform

Die irische Originalausgabe erschien 1990 unter dem Titel
»Under the Hawthorn Tree« bei The O'Brien Press, Dublin

Übersetzung: Ulli und Herbert Günther
Umschlagbild: Elisabeth Holzhausen/artelier 9
Umschlagkonzeption: Klaus Renner
fs · Herstellung: Stefan Hansen
Satz: KCS GmbH, Buchholz/Hamburg
Druck: Presse-Druck Augsburg
ISBN 3-570-26068-0
Printed in Germany

10 9 8 7 6 5 4 3 2 1

www.omnibus-verlag.de

OMNIBUS

Hunger

Es war kalt und feucht. Eily drehte sich im Bett von einer Seite auf die andere und versuchte dabei, ein Stückchen mehr von der Decke über ihre Schultern zu ziehen. Ihre kleine Schwester Peggy drängte sich neben sie. Peggy schnarchte wieder. Sie schnarchte immer, wenn sie erkältet war.

Das Feuer war fast erloschen. Schwach glimmte die heiße Asche in der Düsternis der Hütte.

Die Mutter summte leise ein Lied für das Baby. Bridgets Augen waren geschlossen, das sanfte Gesicht bleicher denn je. Sie lag in Mutters Schultertuch gewickelt und ihre kleine Faust umklammerte eine lange, kastanienbraune Haarsträhne.

Bridget war krank – sie wussten es alle. Der Körper unter dem Tuch war zu dünn und ihre weiße Haut fühlte sich entweder zu heiß oder zu kalt an. Die Mutter trug die Kleine Tag und Nacht bei sich, als wolle sie dadurch etwas von ihrer eigenen Kraft in das kleine, geliebte Wesen hineinzwingen.

Eily spürte, wie ihr die Tränen in die Augen stiegen. Manchmal dachte sie, vielleicht ist alles nur ein Traum und gleich wache ich auf und lache darüber. Doch das quälende Hungergefühl in ihrem Bauch und die Traurigkeit in ihrem Herzen machten ihr nur zu deutlich, dass alles Wirklichkeit war. Sie schloss die Augen und ließ ihre Gedanken zurückwandern.

Kaum zu glauben, dass es nicht viel länger als ein Jahr her war, als sie in dem alten Schulzimmer saßen, und plötzlich Tim O'Kelly hereingestürmt kam. Er schnappte sich seinen Bruder John, dann rief er den anderen zu: »Sputet euch, lauft heim und helft beim Kartoffelklauben, sie verfaulen in der Erde, eine Seuche ist ausgebrochen!«

Sie hatten alle erwartet, der Lehrer würde nach seinem Stock greifen und Tim anbrüllen: Fort, hinaus mit dir, du Dummkopf! Was fällt dir ein den Unterricht zu stören! Aber wie staunten sie, als er sein Buch zuklappte und sie zur Eile antrieb: »Trödelt nicht herum, los, los! Geht heim und helft!« Sie rannten so schnell, dass ihnen der Atem stockte, und die Angst, was sie wohl zu Hause vorfinden würden, schnürte ihnen die Kehle zu.

Eily erinnerte sich. Der Vater saß auf der Steinmauer, den Kopf auf die Hände gestützt. Die Mutter kniete auf dem Acker, Hände und Schürze voll Dreck. Sie riss die Kartoffeln aus der Erde und überall ringsum lag dieser drückende Gestank in der Luft. Faulig und widerlich stieg er in Nase und Mund. Der Geruch nach Krankheit und Verderben.

Drüben, auf der anderen Seite des Tals, fluchten die Männer und die Frauen beteten zu Gott, dass er sie beschützen möge. Acker um Acker waren die Kartoffeln eingegangen und in der Erde verfault. Die Frucht – für sie alle die Hauptnahrungsquelle – gab es nicht mehr.

Erschrocken sahen sich die Kinder an, die Augen angstvoll aufgerissen. Sie ahnten, dass jetzt der Hunger kommen würde.

Eily kuschelte sich an Peggys Rücken und bald wurde ihr wärmer. Sie döste vor sich hin und schließlich versank sie wieder im Schlaf.

»Eily! He, Eily! Stehst du auf?«, flüsterte Peggy.

Die Mädchen streckten sich und nach einer Weile warfen sie die Decken zurück. Eily ging zur Feuerstelle und legte ein Stück Torf auf die glühende Asche. Der Korb war fast leer. Eine Aufgabe für Michael.

Die Mädchen gingen hinaus. Die frühe Morgensonne schien. Das Gras war feucht vom Tau. Sie blieben nicht lange. In ihren Unterhemden spürten sie schnell, wie kühl es war. Wieder in der Hütte, sahen sie, dass ihre Mutter noch schlief und Klein-Bridget neben ihr schläfrig vor sich hin nuckelte.

»Gibt's was zu essen?«

»He, Michael«, sagte Eily. »Hab ich's doch gewusst, dass du wach bist!«

»Mach schon, Eily, schau nach«, bettelte Michael. »Schau doch mal nach!«

»Raus mit dir, los, los! Wasch dir den Dreck aus dem Gesicht, dann sehen wir weiter.«

Die Sonne schien durch die offene Hüttentür. Staubig ist es hier drin, dachte Eily, und dreckig.

Das Baby hustete und wachte auf. Eily nahm es hoch und setzte sich auf den Stuhl neben dem Feuer, während sich die Mutter um das Essen kümmerte. Es waren noch drei alte Kartoffeln da. Die Mutter schnitt sie in Scheiben, dann goss sie jedem ein wenig entrahmte Milch aus dem großen Krug ein. Keiner sprach. Sie aßen schweigend, jeder in Gedanken vertieft. Michael wollte etwas sagen. Er wollte fragen, ob ... Aber dann besann er sich. Mit der Zeit hatte er gelernt, dass es zwecklos war zu fragen.

Die ersten Male, als er mehr verlangt hatte, hatten Vater oder Mutter mit dem hölzernen Löffel gedroht. Später dann hatte der Vater ihm nur einen traurigen Blick zugeworfen und die Mutter war in Tränen ausgebrochen.

Nein, das wollte Michael nicht! Es war besser, manches blieb ungesagt.

Gegen Mittag sah alles schon ganz anders aus. Heiß strahlte die Sonne vom Himmel, es wehte ein warmer Wind. Zusammen mit seinem Freund Pat ging Michael ins Moor. Vielleicht könnten sie ein wenig Torf mitbringen.

Bridgets Atem rasselte, aber immerhin schlief sie. Mit neuem Mut ging die Mutter an die Arbeit. Sie sammelte Unterhemden und schmutzige Kleidung ein, wusch sie und breitete sie draußen zum Trocknen hin. Sie schüttelte die Decken aus und legte sie über die Steinmauer.

Peggy trug ihr langes, braunes Haar offen. Dünn und fettig hing es herunter. Peggy beugte sich nach vorn, dann goss ihr die Mutter Wasser aus dem Eimer über das Haar und schrubbte ihr den Kopf. Peggys Geschrei war enorm. Aber es war nichts im Vergleich zu der Prozedur mit dem feinzinkigen Kamm, den die Mutter anschließend durch die langen, verhedderten Strähnen zog. Dabei achtete sie jedes Mal genau auf Läuse oder Nissen.

Eily lachte, sie wusste, dass sie heute davonkommen würde. Sie war erst vor zwei Wochen an der Reihe gewesen.

Später schickte die Mutter die beiden Mädchen zu Mary Kate Conway, um sie nach etwas Gänseschmalz zu fragen – zum Einreiben für Bridgets Brust. Mary Kate hatte geschickte Hände zum Heilen und immer einen guten Rat für alle, die krank waren oder Sorgen hatten.

Um ihre Hütte hatte sie eine dichte Hecke gepflanzt, sodass ihre Besucher ein wenig vor neugierigen Blicken geschützt waren.

Die alte Frau saß auf einem Schemel draußen in der Sonne.

»Na, wenn ich mich nicht täusche, kommen hier die beiden artigsten kleinen Mädchen der Welt«, scherzte Mary Kate. »Was kann ich für euch tun, ihr Lieben?«

»Mutter braucht ein bisschen Gänseschmalz für das Baby«, sagte Eily bittend.

»Das arme, arme Kind«, murmelte Mary Kate. »In so einer Zeit auf die Welt zu kommen!« Sie erhob sich von ihrem Schemel und forderte die Mädchen mit einem Kopfnicken auf ihr zu folgen. Peggy zauderte und klammerte sich an Eilys Kleid. Sie hatte schon so Verschiedenes über die alte Frau gehört und fürchtete sich ein wenig vor ihr.

Es war dunkel in der Hütte und es stank. Mary Kate

humpelte zu ihrem alten Holzschrank. Er war voller Gläser und Flaschen. Sie murmelte vor sich hin, nahm etliche Gläser in die Hand, öffnete die Deckel, warf prüfende Blicke auf den jeweiligen Inhalt und roch daran. Schließlich, nachdem sie das Gesuchte erschnuppert hatte, reichte sie es Eily.

»Und sag deiner Mutter, dass ich mein Glas wiederhaben will, wenn es leer ist.«

»Wird es Bridget gesund machen?« Eily wunderte sich, dass die kleine, siebenjährige Peggy den Mut zu dieser Frage hatte.

Mary Kate runzelte die Stirn. »Das weiß ich nicht, Kind. Es gibt so viele Krankheiten in diesen Tagen – unbekannte Krankheiten –, ich tue mein Bestes.«

Damit strebte Mary Kate wieder hinaus in die Sonne. Vor der Tür fuhr sie mit der Hand in ihre Schürzentasche und kramte einen Apfel hervor. Einen alten, verschrumpelten Apfel. Sie polierte ihn auf Hochglanz. Die Mädchen gaben sich Mühe, nicht hinzusehen, aber da legte Mary Kate den Apfel mit schwungvoller Geste in Peggys Hand.

Peggy machte große Augen. Eily blinzelte.

»Vielen Dank … das können wir doch gar nicht annehmen … danke, aber es ist nicht recht …«, stammelte Eily.

»Grün und hart wie ein Höllenkobold«, lachte Mary Kate und zeigte mit zurückgelegtem Kopf auf ihren zahnlosen Mund. »Ich kann ihn ganz bestimmt nicht essen.«

Die Mädchen lächelten verlegen. Vorsichtig wie ein

kostbares Juwel trug Peggy den Apfel nach Hause. Er sollte mit allen geteilt werden.

An diesem Abend gab es das übliche gelbe Maismehl, zusammengekocht mit etwas zerlassenem Schmalz. Die Mutter hatte ein paar wilde Frühlingszwiebeln gefunden und mitgekocht. Sie überdeckten den faden Geschmack etwas. Der Apfel wurde in vier Teile geschnitten und genussvoll verzehrt, wenn auch die Härte und der sauere Geschmack nicht zu leugnen waren.

»Es sind jetzt schon zwei Wochen, dass Vater zum Straßenbau fortgegangen ist, und noch immer haben wir keine Nachricht von ihm«, fing die Mutter an. Eily wusste, ihre Mutter machte sich Sorgen wegen Bridgets Krankheit und auch wegen des täglich kleiner werdenden Mehlsacks.

»Ich weiß nicht, was noch alles auf uns zukommt und wie wir es schaffen sollen«, fuhr die Mutter fort und schüttelte den Kopf. »Es wird sogar gemunkelt, das Gut wird aufgegeben, und der Herr und seine Familie ziehen endgültig nach England zurück.«

Michael spürte die aufkommende Verzweiflung in ihrer Stimme, da trumpfte er auf: »Ich hab gute Nachrichten, pass nur auf, Ma, hör zu!«

Kaum zu glauben, dass er erst ein neunjähriger Junge war – Michael mit dem dichten schwarzen Lockenhaar seines Vaters und den sanften, freundlich blickenden blauen Augen seiner Mutter. Er konnte sie einfach nicht traurig sehen.

»Pat und ich, wir waren oben am Moor – wir sind ein bisschen weiter gegangen als sonst und wir haben eine

Stelle gefunden, wo noch nicht aller Torf gestochen ist. Pats Vater geht morgen mit ihm hin und sticht den Rest. Wenn es weiter so windig ist, wird der Torf bald trocken sein und er sagt, wir können uns was davon holen, wenn wir es selber aufsammeln und heimschaffen. Na, ist das was?«

Die Mutter lächelte. »Dan Collins ist ein guter Mann, kein Zweifel.«

Sie setzte sich auf den Stuhl und machte es sich bequem. Peggy kroch auf ihren Schoß und Eily hockte sich daneben auf den Boden.

»Erzähl uns von damals, als du ein Mädchen warst … ja, komm, bitte«, bettelten sie.

»Hängen euch meine alten Geschichten nicht längst zum Hals raus?«, rief sie ungläubig.

»Kein bisschen!«, versicherte Michael.

»Na gut, also dann«, begann sie. »Mary Ellen – das war meine Mutter und euere Großmutter, nach der Eily ihren Namen hat –, sie wohnte mit ihren beiden Schwestern Nano und Lena …«

Nichts ging über eine Geschichte vor dem Schlafengehen.

Unter dem Weißdornbaum

Der warme Wind hielt an. Es war herrliches, trockenes Wetter. Dan Collins hatte ausrichten lassen, er würde die Kinder heute Vormittag mit ins Moor nehmen. Vor Aufregung hüpfte Peggy von einem Fuß auf den anderen. Seit Hunger und Krankheit ausgebrochen waren, blieben die Kinder meist in der Umgebung der Hütte. Die Mutter wollte sie in der Nähe haben. Von ihrer Tür aus konnten die O'Driscolls Rauchfahnen aus den Schornsteinen aller Hütten sehen, die zu der kleinen Ansiedlung Duneen gehörten. Es war ein schöner Ort und sie hatten viele freundliche Nachbarn, nur, man machte selten Besuche in diesen Tagen. Jede Familie war bemüht ihre Armut zu verbergen. Auch gab es nicht mehr viele Leute, die noch Kraft und Lust hatten zum Singen, Tanzen und Geschichtenerzählen.

Heute war es anders – heute würden Eily, Michael und Peggy ins Moor gehen. Sie winkten zum Abschied. Die Mutter wirkte bleich und abgespannt, Baby Bridget ging es immer noch sehr schlecht. Sie schlief die meiste Zeit, nur wenn sie hingelegt wurde, schrie sie.

Die drei Kinder trugen jedes einen Korb für den Torf. Außerdem hatten sie einen Krug mit kaltem Wasser dabei, ein paar Kartoffelschalen und einen Kanten trockenes Brot, um den Hunger in Schach zu halten.

Pat Collins und sein Vater warteten schon auf sie. Dan Collins war ein großer Mann mit blondem, lockigem Haar, seine Augen schienen zu funkeln, wenn er guter Laune war. Er war die meiste Zeit draußen und wusste scheinbar immer ganz genau, wo wilde Beeren und Pilze wuchsen. Moses, sein alter Esel, stand mit den leeren Weidenkörben auf dem Rücken neben ihm.

»Na, ihr kleinen Rumtreiber!«, witzelte Dan, als er die Körbe auf dem Rücken des Esels festband. »Lasst ihr uns hier warten an einem so herrlichen Tag? Nun lauft voraus, Moses und ich haben unser eigenes Tempo.« Der Esel war alt und langsam, Dan würde ihn nicht zur Eile antreiben.

Die Kinder hatten genügend Zeit zum Spielen und Herumalbern, während sie den trockenen Torf sammelten und ihn zu ordentlichen Stapeln aufschichteten. Peggy pflückte wilde Schlüsselblumen für die Mutter.

Schließlich erschien Dan und sie luden so viel in die Körbe, wie sie eben noch tragen konnten – und das war nicht gerade viel. Auch Old Moses konnte in diesen Zeiten nur die Hälfte von dem schleppen, was er sonst bewältigt hatte.

Im Nu waren sie alle erhitzt und durstig. Sie setzten sich, schluckten gierig das kalte Wasser in sich hinein und aßen, was sie hatten. Dan hatte einen Schluck Tee und einen Kartoffelkuchen dabei.

Später half er den Kindern abwechselnd ihre Körbe zu tragen, während Pat voranging und Moses führte. Der Heimweg war lang und ermüdend. Es kam ihnen so vor, als lägen jetzt mehr Steine dort als auf dem Hinweg. Außerdem spürten sie Schmerzen in Schultern, Armen und Rücken. Oft mussten sie anhalten und rasten. Ein paarmal setzte sich Peggy einfach hin, fing zu schluchzen an und erklärte, sie könne keinen Schritt weiter.

Dan Collins lachte sie aus und sagte, wenn es der alte Moses mit seinem schlimmen Bein schaffe, dann hätte so ein junges Fohlen wie sie ganz bestimmt keine Schwierigkeiten.

Es dauerte eine Ewigkeit, bis sie die Hütte der Collins erreichten. Dort verabschiedeten sie sich. Die letzte halbe Meile kam ihnen fast endlos vor. Michaels Hände bluteten. Er mühte sich mit dem schwersten Korb ab. Als sie endlich zu Hause ankamen, war es dunkel. Der große Korb sollte neben der Feuerstelle stehen, der restliche Torf wurde draußen neben der Hütte aufgeschichtet. Es wurde nur ein kleines Häufchen. Unwillkürlich dachten sie an den ansehnlichen Stapel, fast so hoch wie die ganze Hütte, den der Vater in guten Zeiten dort immer aufgebaut hatte.

Sie stießen die Tür auf. Mutter saß mit Bridget auf dem Arm dösend vor dem Feuer. Sie sah todmüde aus und die Kinder merkten, dass sie geweint hatte.

Still wie die Mäuse machten sie den Rest Hafergrütze warm und gossen etwas Wasser dazu. Sie waren vollkommen erschöpft und froh ins Bett zu fallen. Arme und Schultern taten so weh, dass sie kaum auf die gewohnten, rumpelnden Hungerschmerzen achteten, die immer vor dem Einschlafen kamen.

Irgendwann in der Nacht hörten sie die Mutter schluchzen und Bridget husten und um Atem ringen. Michael kam angekrochen und legte sich neben die Mädchen ins Bett. Sie hielten sich bei den Händen und beteten – sämtliche Gebete, die sie je gelernt hatten.

»Gott, hilf uns, bitte hilf uns, Gott!«, wisperten sie.

Keiner schlief. Es war in den frühen Morgenstunden, da hörte das Husten auf. Plötzliche Stille breitete sich aus. Mutter küsste das Baby auf die Stirn und auf jeden der kleinen Finger.

»Lieber Gott, mach, dass die Sonne bald aufgeht und dass diese schreckliche Nacht ein Ende hat«, beteten die Kinder.

Auf einmal spürten sie, wie still ihre Mutter geworden war. Sie standen auf und schlichen zu ihr hinüber. Dicke Tränen rollten der Mutter über die Wangen.

»Sie ist tot. Mein kleiner Liebling ist tot.«

Peggy fing an zu weinen. »Ich will Bridget wiederhaben!«, schluchzte sie. »Ich will!«

»Es ist schon gut, mein Kleines«, sagte die Mutter besänftigend. »Sie war zu schwach, um in dieser rauen Welt zu leben. Schaut sie nur an. Ist sie nicht ein schönes, kleines Mädchen, jetzt, wo sie ihre Ruhe gefunden hat?«

Das Baby lag still da, als schliefe es nur. Die Mutter sagte, sie sollten es küssen; da hauchte einer nach dem anderen einen Kuss auf die weiche Wange und auf die Stirn von Bridget, der kleinen Schwester, die sie kaum gekannt hatten.

Die Mutter erschien ihnen merkwürdig gefasst. Sie schickte sie wieder zu Bett. »Gleich im Morgengrauen musst du zu Dan Collins laufen, Michael, und ihn bitten, dass er Pater Doyle holt. Ich will mich hinsetzen und mein kleines Mädchen noch ein wenig betrachten.«

Später machte sich Michael auf den Weg, das Gesicht bleich, die Augen rot gerändert. Die Kühle des frühen

Morgens ließ ihn frösteln und er zog die dünne Jacke enger um sich.

Die Mutter hatte Wasser warm gemacht und wusch Bridget mit einem Tuch liebevoll ab. Danach bürstete sie wieder und wieder die seidigen, blonden Locken.

Eily zog den alten, hölzernen Kasten unter dem Bett der Eltern hervor. Sie öffnete ihn, wie es die Mutter gesagt hatte. Viel lag nicht darin und so fand sie schnell das Spitzentaufkleid, das ihre Urgroßmutter einst gemacht hatte. Die Spitze war alt und vergilbt. Erst vor zehn Monaten hatte Bridget das Kleid getragen. Ihr kleiner Körper war so schmächtig und ausgezehrt, dass es ihr immer noch passte. Mit dem Kleid sah sie aus wie ein kleiner weißer Engel, aber Eily konnte sich nicht helfen, sie musste an die französische Porzellanpuppe denken, die sie einmal in der Stadt in einem Schaufenster gesehen hatte. Steif hatte sie dagestanden in einem weißen Spitzenkleid mit gestärktem Unterrock und echtem, langem Lockenhaar. Wie sehr hatte sie sich gewünscht diese Puppe an sich zu nehmen und zu besitzen. Jetzt spürte sie ein ähnliches Verlangen, nur viel stärker. Sie wollte Bridget im Arm halten und nie mehr loslassen.

Michael kam wieder nach Hause. Sie tranken einen Schluck Milch, dann machten sie sich ein wenig zurecht und räumten die Hütte auf, so gut sie konnten. Dan Collins würde den Priester holen. Pater Doyle war ein liebenswürdiger Mann – er war mit dem Vater gut befreundet und manchmal, wenn er ein wenig Gesellschaft suchte, kam er auf einen kurzen Schwatz vorbei. Vater sagte immer, es sei schon großartig, Priester zu sein, aber es sei doch ein einsames Leben.

Sie waren alle überrascht, als mitten am Vormittag Dan Collins und seine Frau Kitty bei ihnen auftauchten. Kitty ging geradewegs auf die Mutter zu und küsste sie. Beider Augen waren voller Tränen und unausgesprochener Worte.

»Es tut uns so Leid, Margaret. Die arme, kleine Bridget«, flüsterte Kitty.

Dan Collins räusperte sich. Man sah, es war ihm unbehaglich zumute. Er trat von einem Fuß auf den anderen. »Gott sei uns gnädig, aber es gibt noch mehr schlechte Nachrichten. Pater Doyle liegt selber krank im Bett, er wird die Kleine nicht begraben können. Viele im Dorf sind schon gestorben – Seamus Fidden, der Sargmacher, zum Beispiel – es gibt keine ordentlichen Begräbnisse ...« Er hielt inne.

Die Mutter stieß einen hohen, klagenden Ton aus. »Was wird aus uns noch werden? Was sollen wir nur tun?«

Dumpf lastete die Luft im Raum.

»Wir werden sie hier begraben, und zwar, wie es sich gehört«, sagte Dan.

Die drei Kinder starrten ihre Mutter an und warteten auf ihre Antwort. Schließlich nickte sie langsam.

»Unter dem Weißdorn auf dem hinteren Acker«, sagte sie flüsternd. »Dort haben die Kinder immer gespielt und nun wird er mit seinen Blüten die Kleine beschützen.«

Dan winkte Michael. Sie gingen aus der Hütte und verschwanden mit einem Spaten hinten auf dem Acker.

»Wir haben keinen Sarg«, sagte die Mutter heiser.

Kitty sah sich in der Hütte um, dann fragte sie Eily um Rat. Eily räusperte sich. »Wie wäre es mit Großmutters Holzkasten?«

Kitty und Eily zogen ihn unter dem alten Bett hervor und hoben ihn auf die Matratze. Die Mutter trat heran und nickte ergeben. Kitty nahm die Familienschätze heraus und legte sie zur Seite.

Dann begannen Kitty und die Mutter mit den Vorbereitungen. Eily und Peggy, die spürten, dass sie nicht erwünscht waren, liefen hinaus und pflückten blaue Glockenblumen. Tief sogen sie die Luft ein, um ihre Herzen zu beruhigen.

Dan kam vom Acker zurück und ging in die Hütte. Kurz darauf erschienen die drei Erwachsenen – Kitty stützte die Mutter am Arm, Dan trug den geschnitzten Holzkasten. Eine leichte Brise strich durch die blühenden Bäume, die Kronen verneigten sich wie zum Gruß. Der Himmel war klar und blau. Eine Blaumeisenfamilie saß auf einem Ast des Baumes und beobachtete die Zeremonie. Dan und Kitty sprachen die Gebete für sie und alle dachten an Jesu Worte: Lasset die Kindlein zu mir kommen. Und sie beteten dafür, dass sie sich einst im Paradies wieder sehen würden.

Behutsam legten Eily und Michael die Blumen neben den Kasten. Peggy wurde von schweren Schluchzern geschüttelt. Die Mutter strich ihr über das Haar. Sie sangen eines der Lieblingslieder von Pater Doyle, dann führte Kitty die kleine Prozession wieder nach Hause. Sie hatte ein wenig Tee mitgebracht, davon kochte sie für die Erwachsenen eine Kanne voll. Sie sorgte dafür, dass sich die Mutter neben das Feuer setzte, dann wärmte sie ein paar Kartoffelkuchen auf.

In den nächsten Tagen lief die Mutter im Unterrock herum, das Tuch eng um die Schultern gezogen. Sie kümmerte sich um gar nichts. Eily und Michael schafften Wasser heran, fegten die Hütte und organisierten etwas zu essen. Sie wünschten, der Vater würde heimkommen. Eily hatte Angst. Wie lange würde das noch dauern?

Nichts zu essen

Ein paar Tage später rief die Mutter sie alle zusammen. Sie hatte sich um das Feuer gekümmert. Sie war vollständig angekleidet und hatte ihr Haar mit zwei Kämmen hochgesteckt. Auf dem Bett lagen zusammengefaltet ihr hübsches, handgearbeitetes Spitzentuch und ihr graues, gestricktes Hochzeitskleid mit dem dazugehörigen Spitzenkragen.

Beides hatte ihre Mutter für sie gemacht und sie hatte es an jenem besonderen Junitag vor vielen Jahren getragen, als sie John O'Driscoll geheiratet hatte. »Teil die Kartoffelschalen aus, Eily, dann setz dich hin.« Sie aßen einen Bissen und tranken etwas. Die Mutter griff nach einer Bürste und fuhr damit durch Peggys langes, dunkles Haar. Dann schlüpfte sie aus ihrem Alltagsrock und zog ein cremefarbenes Kleid an. »Eily, Michael, Peggy, passt auf«, sagte sie, »ich muss heute ins Dorf, es ist nichts mehr zu essen da. Bridget ist tot. Ich habe ein Kind begraben und ich werde es nicht zulassen, dass euch anderen etwas passiert. Wir müssen etwas zu essen haben.«

»Aber Mutter«, fing Eily an, »du hast doch kein Geld … nein, nicht … nicht dein Kleid und das Tuch, es ist alles, was du noch hast!«

»Hör zu, Kind, was nützen ein Kleid und ein Tuch, versteckt unter dem Bett? Ich weiß, viel wird es nicht bringen, aber vielleicht gibt mir Patsy Murphy genug, dass es für einen Sack Mehl, ein bisschen Hafer oder noch was anderes reicht. Wir werden mit jedem Tag schwächer und verlieren unsere Kraft. Wir müssen essen oder wir werden krank. Meinst du, ich merke nicht, wie es um Peggy steht? Dass ihr die Augen aus dem Gesicht stechen und dass Arme und Beine wie Stöcke aussehen? Und um Michael, meinen kleinen Mann, der kaum den Korb voll Torf heben kann und nicht genügend Kraft hat, den kurzen Weg zum Fluss zu gehen und ein paar Fische zu fangen? Und um Eily, mein großes Mädchen, das sich von all den Sorgen auffressen lässt? Hört jetzt zu: Ihr müsst Wasser reinholen und aufpassen, dass das Feuer nicht ausgeht. Und ihr müsst unbedingt in der Hütte bleiben. Dan Collins hat gesagt, die Krankheit lauert überall, und auf allen Straßen sind Leute unterwegs. Ich werde schnell machen, so schnell ich kann. Haltet nur die Tür immer verschlossen.«

Eily bettelte: »Bitte, Mutter, lass mich mitgehen!«

Doch die Mutter schüttelte den Kopf. Sie bestand darauf, dass die Kinder dablieben. Dann packte sie ein paar Sachen in ihren Korb und legte sich ihr Tuch um die Schultern. Es war ein wunderschöner, warmer Morgen. Die Wiesen waren mit Gänseblümchen übersät, die Hecken überwuchert von Geißblatt und wildem Wein. Die Versuchung war groß rauszugehen und zu spielen. Aber sie wagten es nicht und winkten ihrer Mutter zum Abschied.

Peggy war gereizt, mürrisch und sie langweilte sich. Michael erfand Spiele für sie und dachte sich alles Mögliche aus, um sie abzulenken, aber trotzdem wusste sich Eily nicht anders zu helfen, als zweimal drohend den Holzlöffel zu heben. Peggy warf sich auf das Bett, schmollte und war wütend auf Eily.

Plötzlich hörten sie Schritte draußen auf dem Weg. Konnte Mutter so bald zurück sein? Eily wollte schon hinauslaufen und helfen den Mehlsack hereinzuschleppen, da hörte sie vor der Tür zwei fremde Stimmen. Die Kinder verhielten sich mucksmäuschenstill.

»Um Gottes willen, gönnt einer armen Frau und ihrem Sohn eine kleine Rast und einen Schluck Wasser«, jammerte die eine Stimme. Die Sprecherin stand unmittelbar vor der Tür. »Wir sind meilenweit gelaufen. Sind erschöpft und durstig und haben wunde Füße. Alles, was wir brauchen, ist ein bisschen Hilfe.«

Eily wollte zur Tür gehen, aber Michael hielt sie zurück.

»Denk dran, was Mutter gesagt hat«, zischte er. »Gib keine Antwort!«

Die Fremden klopften an die Tür. Schnell rückte Michael den Korb mit Torf und den Stuhl davor. Die beiden Mädchen saßen auf dem Bett, voller Angst. Was war, wenn die rauskriegten, dass nur Kinder in der Hütte waren?

»Habt ihr uns gehört?« Die Frau hob die Stimme. »Wir brauchen Hilfe!« Als keine Antwort kam, fing die Frau zu fluchen an. Sie nahm zwei Torfstücke und schmetterte sie gegen die Tür.

»Vielleicht ist da noch was Brauchbares drin?«, sagte der Sohn.

Eily, Michael und Peggy starrten einander an, außer sich vor Schreck. Wenn nun die Fremden die Tür eindrückten?

Plötzlich hatte Michael einen Einfall. »Aaaah, Gott sei Dank«, stöhnte er, »dass endlich wer vorbeikommt. Wir brauchen so dringend Hilfe. Lauft um Gottes willen schnell zum Brunnen und bringt uns einen Eimer Wasser. Meine Schwester glüht vor Fieber und mir brennen Kopf und Kehle wie Feuer.«

Eily legte die Hand über Peggys Mund, dass sie nur nicht kicherte oder etwas sagte. Die zwei Stimmen vor der Tür flüsterten miteinander.

»Letzte Woche haben wir meine kleine Schwester begraben«, fuhr Michael in hohem Jammerton fort. »Das halbe Dorf liegt im Sterben – um Gottes willen …«

Jetzt hörte man die Stimme der Frau. Sie war von der

Tür zurückgetreten. »Nichts für ungut, und Gott verschone euch, aber wir können nicht bleiben. Komm, mein Sohn, fort von diesem Krankenlager!« Die beiden klaubten ihr Lumpenbündel zusammen und machten sich davon.

Als die Kinder sicher waren, dass die Gefahr vorüber war, fielen sie einander um den Hals.

»Mensch, Michael, du bist ja der reinste Komödiant!«, scherzte Eily. »Wie ist dir das nur so schnell eingefallen? Damit hast du uns gerettet!« Michael wurde rot bis hinter die Ohren. »Demnächst werden die Leute noch was zahlen, um dich zu sehen. Eines Tages wirst du Schauspieler, noch dazu ein berühmter«, ergänzte Eily.

In der Aufregung hatte sich auch Peggys Stimmung gebessert. Sie rannte durch die Hütte und sang selbst erfundene Lieder über ihren tapferen Bruder.

Die Sonne ging unter und langsam wurde es dunkel am Himmel, da pochte es wieder an die Tür. Die Kinder erstarrten. Fast konnte jeder das Herzklopfen des anderen hören.

»Ich bin es, Kinder, euere Mutter!«

Blitzschnell rissen sie die Tür auf und hängten sich an die Mutter – aus Begrüßungsfreude und vor Erleichterung.

»Halt, halt, ihr kleinen Räuber, rennt mich nicht um – lasst mich erst mal Luft holen«, flehte die Mutter. Sie hatte mehrere Päckchen in der Hand. Sie wirkte erschöpft, das Haar hing ihr in Strähnen ins Gesicht.

»Deine Kämme, Mutter – deine schönen Kämme, sie sind auch weg!«, rief Eily.

»Euer Vater hat immer gesagt, er mag mein Haar am liebsten lang und offen mit Sonne und Wind dazwischen. Nun, jetzt erfülle ich ihm seinen Wunsch«, sagte die Mutter und bemühte sich zu lächeln.

»Was hast du dabei? Was hast du?« Peggy war voller Neugier auf den Inhalt der Pakete.

Mutter legte alles auf den Tisch und machte langsam ein Päckchen nach dem anderen auf. Früher hätten die Kinder an Einkäufen aus dem Dorf kein besonderes Interesse gezeigt, dafür hätten sie ihre Spiele draußen nicht unterbrochen. Jetzt aber hing ihr Leben davon ab, was in diesen Päckchen war.

Das größte war ein Sack Hafermehl. Dann ein paar Pfund alter, grauer Kartoffeln in einem Beutel, ein Töpfchen Schmalz, ein paar kleine Tüten Salz und schließlich ein Stück hartes getrocknetes Rindfleisch. Es war nicht viel.

»Außerdem haben wir noch einen Sack Maismehl«, fügte die Mutter hinzu, als sie die Enttäuschung der Kinder spürte. »Dan Collins hat gesagt, er bringt ihn morgen Vormittag her. Er hatte Moses dabei und er wollte mir die Schlepperei ersparen.« Verlegenes Schweigen breitete sich aus.

»Es ist prachtvoll, Mutter, wirklich großartig«, versicherte Eily. Sie küsste ihre Mutter und schlang ihr die Arme um den Hals. Dann setzte sie Wasser auf – die Mutter hatte, weiß Gott, einen Schluck Tee verdient.

»Leg für jeden eine Kartoffel auf«, sagte die Mutter, »und ein bisschen getrocknetes Rindfleisch essen wir auch.« Sie wollte die Kinder unbedingt aufmuntern. Auf einmal kramte sie vier Kerzenstummel aus ihrer Schürzentasche. Sie zündete einen an und stellte ihn auf den Tisch.

Warm brannte das Torffeuer im Kamin, die Hütte schimmerte im weichen, goldenen Licht der Kerze. So sollte es bleiben, ihr Zuhause, sicher und behaglich. Kartoffeln brieten im Feuer, fast war es wie in alten Zeiten. Peggy saß auf Mutters Schoß, das schmale Gesicht an ihre Brust gedrückt.

»Eine Geschichte, bitte«, bettelte Peggy. »Erzähl uns eine Geschichte. Aus der Zeit, als du klein warst. Bitte Mutter!«

Mutter küsste Peggys Haar und sagte, Michael und Eily sollten sich ans Feuer setzen. Sie war müde, doch wie schön war es, an früher zu denken.

»Hab ich euch schon von meinem achten Geburtstag erzählt? Das war vielleicht eine Zeit, einfach himmlisch. Meine Mutter, euere Großmutter, hatte sich mächtig angestrengt und mir das schönste Kleid der Welt genäht – es war aus Baumwollstoff mit eingewebten Zweigen und gemustert war es mit hellen Rosenblüten auf grauem Grund. Die Knöpfe waren am Rücken und es hatte einen Stehkragen mit Spitzenrüsche und einen dazu passenden Unterrock.

Am Tag vor meinem Geburtstag machten wir einen Besuch im Laden bei meinen Tanten Nano und Lena, um sie zum Tee einzuladen. Ich sehe sie noch dastehen in ihren weißen, gestärkten Schürzen. Auf dem Ladentisch ausgebreitet lagen Früchte, Pasteten und Obsttörtchen und das Regal stand voller Gläser mit Marmeladen und Eingemachtem. Von weit her kamen die Damen und Herren, vornehme Leute und Großbauern, um die Konfitüren meiner Tanten zu kaufen, und an Markttagen, so wurde erzählt, ging es dermaßen zu, dass man den Laden kaum betreten konnte. Als wir hereinkamen, hatten die Tanten vor Geschäftigkeit rote Gesichter und meine Mutter blinzelte ihnen zu.

Am Morgen meines Geburtstags überreichten mir Vater und Mutter ein großes Paket – ich seh es noch vor mir. Ich riss das Papier auf und drinnen lag eine Puppe, eine wunderschöne Holzpuppe mit richtigem Gesicht und Haar und, ob ihr es glaubt oder nicht, sie hatte das gleiche Kleid an wie ich und sogar das gleiche rosa Band im Haar. Welch ein Wunder!

Und dann, später, eine außergewöhnliche Teestunde. Meine Tante Kitty und meine vier Vettern waren gekommen. Es gab weiches Teegebäck, frisch gebackenes Brot und Pflaumenmarmelade und dann kamen Nano und Lena und brachten in einer Dose einen ganz besonderen Kuchen mit. Er war mit Zuckerguss glasiert und obendrauf mit winzigen, süßen Veilchen verziert. Ich glaube, ich habe noch nie etwas so Schönes gesehen! Alle klatschten Beifall. Gebacken hatte den Kuchen Tante Nano und verziert hatte ihn Tante Lena. Sie waren ein großartiges Paar! Nach dem Tee holte Vater die Fiedel hervor und wir tanzten alle. Meine drei Brüder waren ungewöhnlich lieb, den ganzen Abend rangelten und brüllten sie nicht herum. Und Tante Kitty gab uns allen eine Tanzstunde.«

Die Mutter schwieg. Drei stille, kleine Gesichter sahen zu ihr auf. Sie schluckte. Ob ihre Kinder jemals solche Zeiten kennen lernen würden? Ihr Leben war so hart.

»Kommt Kinder, es wird Zeit, das Essen ist fertig.«

Sie genossen jeden Bissen und merkten kaum, wie heiß die Kartoffeln waren. Fast verbrannten sie sich die Zungen daran. Sie brachen die feste Schale auseinander, kauten das trockene, gesalzene Rindfleisch und spülten es jeder mit einem großen Becher Milch hinunter. Welch ein Fest! Es musste ja nicht unbedingt Kuchen sein.

Eily und Michael räumten ab, die Mutter half Peggy beim Ausziehen für die Nacht. Das Feuer brannte niedrig, und die Kerze warf zuckende Schatten an die Wand. Wie lachte die Mutter, als sie von Michaels Heldentat erfuhr, und sie lobte ihre drei Kinder für ihre Vernunft, die sie in dieser schwierigen Situation bewiesen hatten. Peggy war eingeschlafen. Mutter trug sie ins Bett und deckte sie zu. Dann setzte sie sich zu Eily und Michael.

»Wie sieht's denn im Dorf aus, Mutter?«, erkundigte sich Eily, die sich schon längst wunderte, dass die Mutter den ganzen Abend noch kein Wort darüber verloren hatte.

»Mein Gott, was sind nur für Zeiten über uns gekommen? Im Dorf liegt jeder Zweite sterbenskrank im Fieber, einige haben ihre Häuser verlassen und ziehen über die Straßen – auf der Suche nach Arbeit und Nahrung oder einfach nur, um von hier wegzukommen. Die ganze Familie O'Brien ist weg.«

»Du meinst, Mutter, sie sind alle auf der Straße?«, unterbrach Eily.

»Nein, nein, unter der Erde liegen sie. Allesamt. Fünf Söhne und Mary O'Brien, die liebenswürdigste Frau der Welt. Die Connors und die Kinsellas sind fortgegangen. Nell Kinsella hat genügend zur Seite gelegt, sie wollen Schiffskarten kaufen und nach Amerika fahren. Wo die Connors sind, weiß keiner. Francie O'Hagan hat ihre Tuchhandlung geschlossen. Sie sagt, was werden sich die Leute um Stoffe, Spitzen und Kleidung kümmern, wenn sie kaum das Nötigste zu essen für ihre Kinder haben. Im Laden bei Patsy Murphy war es gerammelt voll – sein Lager ist überfüllt von Kleidern, Möbeln und allem möglichen Kram. Man musste Schlange stehen, bis man an die Reihe kam. Zwei Frauen waren da, die hatten keinen Penny Geld, und zu verkaufen hatten sie auch nichts. Patsy ist ein anständiger Mann. Er hat jeder ein paar Kellen Maismehl gegeben. Ich musste handeln mit ihm. Er konnte zwar die feine Spitzenarbeit würdigen und er bestätigte mir, dass Mutter eine Künstlerin war – aber trotzdem musste ich noch die Kämme dazulegen, bevor der Handel perfekt war.

Das ganze Dorf war wie ausgestorben – kein Kind draußen zu sehen. Allem Anschein nach gibt es auch keine Tiere mehr. Ich habe nur das Pferd vor Patsy Murphys Wagen gesehen und Dans alten Moses. Selbst die Hunde sind weg.

Dem armen Pater Doyle geht es sehr schlecht, er ist wochenlang nicht aufgestanden. Annie, seine Haushälterin, ist vor ein paar Tagen gestorben. Die paar Männer, die noch da sind, saßen bei Mercy Farrell am Feuer und nicht einer hatte ein Bier vor sich stehen. Corney Egan hab ich getroffen – der arme Mann ist nur noch Haut und Knochen. Für den Straßenbau wollten sie ihn nicht nehmen, so hat er jetzt gar keine Arbeit. Er hat gesagt, die Straßenarbeiter sind jetzt ungefähr zwanzig Meilen vom Dorf entfernt. Viele Männer hier aus der Gegend sollen dabei sein. Er meint, auch John. Stellt euch vor, vielleicht ist Vater ganz in der Nähe und hat Arbeit. Ich sollte hin zu ihm und nachsehn, ob es ihm gut geht. Er weiß nichts von Bridget und wie schlimm es inzwischen hier aussieht.

Es wird so viel geredet. Lord Edward Lyons ist mit seiner Familie fortgezogen, nach England zurück. Er hat das Gutshaus abgeschlossen. Nur die alte Mags mit ihrem Mann ist noch da, die beiden passen auf das Haus auf. Jer Simmonds ist jetzt allein zuständig für das Gut und die Ländereien und kann mit den meisten von uns machen, was er will. Tom Daly ist seine rechte Hand. Den Rest der Gutsarbeiter hat man gehen lassen. Dan hat erzählt, seine Tochter Teresa und sein Sohn Donal sind wieder heimgekommen, weil sie nicht wissen, wohin. Die ganze Welt ist verrückt geworden. Wenn man bedenkt – ein schönes Land wie dieses und die Leute sterben vor Hunger und die Kinder haben nicht genug zu essen. Wie Gespenster ziehen Männer und Frauen über die Straßen und alle haben sie Angst vor dem Fieber. Hat uns denn unser lieber Herrgott verlassen?«

Eily spürte einen Schauder über ihren Rücken laufen. Nie zuvor hatte sie von ihrer duldsamen Mutter eine so lange Rede gehört. Nie zuvor war sie ihr so außer sich und erregt vorgekommen. Eily wusste nicht, was sie sagen sollte.

»Dann ist Vater am Leben und er kommt vielleicht mit Geld und Essen und allen möglichen Sachen zu uns zurück!«, platzte Michael heraus.

»Michael, mein Junge, die Straßenarbeiten sind weit, weit weg. Die Männer sind schwach und die Arbeit ist hart. Euer Vater ist ein kräftiger, ausdauernder Mann, aber Steinezertrümmern ist eine Mordsarbeit. Er wird sein Bestes für uns tun, das kann ich euch versprechen. Er fehlt euch – er fehlt uns allen –, betet für ihn, bevor ihr einschlaft.« Damit stand die Mutter auf und ging hinaus. Eily folgte ihr. Der Himmel war schwarz und hunderte von Sternen funkelten.

»Manchmal frage ich mich, ob Gott überhaupt weiß, was hier unten los ist – seine Welt ist so weit und groß«, flüsterte Eily.

Die Mutter streckte einen Arm aus und legte die Hälfte ihres Schultertuches um Eily.

»Ja, mein Mädchen, so geht es mir auch. Gottes Wege sind so unverständlich. Es gibt keinen Sinn, warum das Leben so schwer ist. Uns bleibt nichts anderes übrig, als immer nur das Beste zu versuchen mit dem, was uns gegeben ist – und so gut es geht, miteinander weiterzuleben«, sagte sie und zog ihr Tuch fest um Eily, um sie vor der feuchten Luft zu schützen. Noch nie hatte sich Eily der Mutter so nahe gefühlt.

Allein

In den nächsten Tagen gab es viel zu tun. Michael ging mit Pat und dessen großem Bruder Donal zum Fluss zum Angeln. Sie waren den ganzen Tag unterwegs. Michael kam mit klappernden Zähnen und bis auf die Haut durchnässt nach Hause. Aber zur Überraschung der ganzen Familie zog er eine große Forelle unter seinem Hemd hervor. Davon aßen sie zwei Tage.

Eily und ihre Mutter brachen an zwei Tagen früh auf und gingen zur alten Kuhweide, wo sie an die hundert Wiesenchampignons fanden. Dan Collins hatte ihnen diesen Tipp gegeben. Das gelbe Maismehl ergab mit den Pilzen und einer Frühlingszwiebel ein ganz wohlschmeckendes Gericht. Den Rest der Champignons bekam Mary Kate zum Trocknen, sie benutzte sie oft für ihre verschiedenen Tinkturen. Dafür schenkte sie den O'Driscolls eine Kanne Ziegenmilch von Nanny, der einzigen Ziege, die ihr geblieben war.

Die Mutter war unruhig. Jeden Tag stand sie ungefähr eine Stunde lang unten am Weg, wartete und starrte in die Ferne. Die Kinder taten, als sähen sie es nicht, wenn sie mit Tränen in den Augen umkehrte und langsam zur Hütte zurückging. Nach fünf Tagen erklärte sie den Kindern, dass sie sich auf die Suche nach Vater machen würde.

»Ich muss zu den Straßenarbeitern gehen und herausfinden, was passiert ist. Vielleicht ist er krank und kann nicht kommen. Wir haben nichts mehr zum Tauschen und zum Verkaufen – wie sollen wir ohne Unterstützung weiterleben? Für euch wird es so ähnlich sein wie letztes Mal, als ich ins Dorf bin – nur könnte es diesmal ein, zwei Tage dauern.«

Eily war tief erschrocken, dass die Mutter sie allein lassen wollte, aber sie konnte ihre Entscheidung verstehen.

»Dan und Kitty werden ein Auge auf euch haben, aber ihr könnt nicht zu ihnen gehen, weil Teresa hustet, und ich will auf keinen Fall ein Risiko eingehen. Zu essen ist genug da.« Ein, zwei Stunden später nahm die Mutter ihr warmes Tuch, steckte sich ein wenig zu essen in ihre Taschen und brach auf. Die Kinder begleiteten sie bis ans Ende des schmalen Weges. Der Reihe nach umarmte die Mutter ihre drei Kinder.

»Michael, mein kleiner Mann«, sagte sie und wühlte ihm durch das Haar. »Eily, kleine Mutter, und Peggy, mein Baby – Gott beschütze euch!«

Eily merkte, wie aufgeregt Michael war. Er biss sich immer wieder auf die Lippe, bis sie fast blutete. Peggy gebärdete sich wie eine Wildkatze. Sie klammerte sich an die Mutter und schrie und strampelte, als diese sich losmachen wollte. Michael und Eily mussten Peggy um die Taille fassen und fest halten. Ihr Geschrei ging in tiefes Schluchzen über, dann lag sie matt auf dem Boden. Halb trugen, halb zogen sie sie zur Hütte zurück. Peggys Augen und ihr Gesicht waren verquollen vom Weinen. Eily wusste genau, wie der kleinen Schwester zumute war, und sie wünschte sich, sie wäre selbst noch so klein und könnte brüllen und schreien und ihre Gefühle offen zeigen. Aber sie war zwölf und musste als die

Älteste Mutters Stelle übernehmen. Für den Rest des Tages hing Peggy wie ein Schatten an ihr. Sie gingen früh ins Bett und kuschelten sich unter der Decke aneinander.

»Ich will zu Mama«, weinte Peggy, »ich will sie wiederhaben. Jetzt sofort!«

»Still, Peggy, still, du musst jetzt schlafen«, sagte Eily besänftigend.

»Erzähl mir eine Geschichte, Eily!«

»Ich kann nicht gut erzählen, Peggy.«

»Eine von Mutters Geschichten, wie sie noch klein war, und von den Tanten«, bettelte Peggy.

Eily zerbrach sich den Kopf, dann lächelte sie. »Hast du schon mal die Geschichte gehört, warum die beiden Tanten nie geheiratet haben und warum sie alte Jungfern geworden sind?«, begann Eily.

Behaglich lehnte sich Peggy gegen sie.

»Also, die zwei Tanten wohnten noch auf dem Bauernhof – das war vor der Zeit mit dem Laden –, da lernten beide einen hübschen jungen Bauern kennen, namens Ted Donelly. Er war ein Freund ihrer Brüder. Er konnte beide Mädchen gut leiden, obwohl sie recht unterschiedlich waren. Tante Nano war klein und rundlich und hatte braunes, lockiges Haar und Tante Lena war groß und dünn und hatte glattes, schwarzes Haar. Ted Donelly fing an ihnen schöne Augen zu machen. Er lebte auf einem ansehnlichen Bauernhof und er war der einzige Sohn. Nun, die Tanten waren beide fest entschlossen ihn zu heiraten. Tante Nano lud ihn zum Tee ein und sie deckte den Tisch reichlich mit Köstlichkeiten – Fleischpasteten und Brot und Apfeltörtchen und Obstkuchen. Aber in der nächsten Woche machte Tante Lena ein Picknick mit Ted. Sie hatte für Brathühnchen gesorgt, für weiches Teegebäck, süßen Kuchen und für alle möglichen leckeren Sachen. Woche für Woche kam Ted zum Essen oder zum Tee auf den Hof und die Tanten backten Kuchen für ihn. Auch seine Mutter lud die Tanten zu Besuch ein.

Aber dann geschah etwas Merkwürdiges. Etliche Wochen blieb jedes Lebenszeichen von Ted Donelly aus. Schließlich erschien Peadar, der Bruder von Nano und Lena, und berichtete, dass Ted ein Mädchen namens Nellie Donovan geheiratet hatte. Diese Nellie konnte weder kochen noch nähen, doch sie war die ideale Ehefrau für ihn. Sie kümmerte sich nicht um die Küche, sondern überließ den Haushalt weiterhin seiner Mutter, die ihn bis dahin ohne jede Einmischung geführt hatte. Stattdessen half Nellie bei der schweren Arbeit auf dem Hof und mit dem Vieh.

Die Tanten waren ein paar Tage untröstlich, doch dann, eines Sonntags nach dem Essen, verkündeten sie, dass sie in Castletaggart in der Nähe des Marktes einen leer stehenden Laden entdeckt hätten. Und wenn sie die Erlaubnis der Eltern bekämen, würden sie den von ihren eigenen Ersparnissen mieten und einen Spezialitätenladen eröffnen. Der Vater machte den Mund auf und zu und wusste nicht, was er sagen sollte, aber seine eigensinnigen Töchter änderten ihren Entschluss nicht mehr.

Heiraten ist nichts für uns, betonten die beiden immer wieder. Und im Lauf der Jahre, wenn jemand von Männern sprach, murmelten sie jedes Mal: Denk nur an Ted Donelly, der hat jetzt fünf stramme Söhne, aber das dreckigste, schäbigste Zuhause im ganzen Bezirk.«

Eily sah sich um. Peggy waren die Augen zugefallen und Michael hatte sich zwischen den Decken zu einer Kugel zusammengerollt.

Den ganzen nächsten Vormittag warteten sie auf die Rückkehr der Mutter, aber sie kam nicht. Eily war gerade dabei, etwas Schmalz zu zerlassen und mit Maismehl zu verrühren, da dröhnte das Getrappel von Pferdehufen über den Weg. Sie erkannte Jer Simmonds, den Aufseher. Er arbeitete für den Gutsherrn und war verantwortlich für alles, was mit dessen Pächtern zu tun hatte. Sein Gehilfe, Tom Daly, war auch dabei. Was wollten die? Die Kinder verhielten sich ruhig.

»Macht die Tür auf«, brüllte Jer, »sonst brechen wir sie euch ein!«

Eily stand auf und entriegelte das Schloss. Es könnte immerhin sein, dass sie Nachricht von der Mutter hatten. Eily stand in der Tür, die Geschwister versteckten sich hinter ihr.

»Wo sind euere Mutter und euer Vater?«, blaffte er.

Eily fürchtete sich.

»Langsam, warte mal, jag ihr doch keinen Schrecken ein«, unterbrach Tom Daly. »Hier wohnen John und Margaret O'Driscoll«, erklärte er und fuhr mit schmeichelnder Stimme fort: »Und du musst die Älteste sein, Ellen, nicht wahr?«

»Verzeihung, ich heiße Eily«, brachte sie hervor.

»Haben euere Eltern das Fieber? Ist wer aus der Familie gestorben?«, erkundigte sich Jer Simmonds.

»Nein, sie sind wohlauf, nur vor einer Weile ist unsere kleine Schwester Bridget gestorben. Vater ist zum Straßenbau gegangen. Wir haben gehört, dass er ein Stück außerhalb auf der anderen Seite des Dorfes arbeiten soll«, antwortete sie.

»Wo ist Margaret, euere Mutter?«, fragte Tom Daly.

Eily betrachtete ihn prüfend. Die meisten hielten ihn für einen anständigen Mann, der oft mal bei Jer oder dem Gutsherrn, Sir Edward, ein gutes Wort für die armen Pächter einlegte. Seine Wangen waren rosig und gesund und er war trotz seiner vornehmen Kleidung und feinen Manieren im Herzen ein Bauer geblieben.

»Mutter ist losgegangen, um ihn zu suchen. Ich kümmere mich inzwischen um meine Geschwister und um das Haus. Sie müsste aber heute im Lauf des Tages zurückkommen.«

Tom war mit ihrer Antwort zufrieden. Jer Simmonds machte Anstalten wieder auf sein Pferd zu steigen.

»Der Gutsherr und seine Familie haben dieser gottverlassenen Insel den Rücken gekehrt und sind wieder nach England. Es gibt jetzt für niemanden mehr Arbeit hier. Ich habe den Befehl alle Hütten zu überprüfen und solche Familien ins Armenhaus zu schicken, wo kein Mann mehr ist oder wo es am Auskommen fehlt. Sag deiner Mutter, wir kommen morgen noch mal vorbei. Falls sie nicht wieder auftaucht, könnt ihr nicht allein hier bleiben, dann macht euch reisefertig.«

Die beiden Männer wendeten ihre Pferde und ritten

davon. Eily sah ihnen nach und ihr Gesicht wurde flammend rot, als sie sich vorstellte, wie die beiden über die Familie O'Driscoll redeten, während sie ihre Pferde durch die Felder trieben.

»Was reden die von Armenhaus, Eily?«, fragte Michael, das Gesicht voll Besorgnis.

»Mutter wird bald zu Hause sein. Lass dich nicht verrückt machen«, beschwichtigte Eily.

Die Stunden vergingen. Es wurde Nacht. Und immer noch kein Zeichen von Mutter. Eily konnte vor Sorge keine Minute schlafen und sie gab sich die größte Mühe, es die anderen nicht merken zu lassen. In der Nacht fing es heftig zu regnen an. Der Regen schlug gegen das Dach und unter der Tür sickerte Wasser herein. Gott steh der Mutter bei, dachte Eily, mach, dass sie nicht draußen ist bei diesem Wetter.

Am nächsten Tag zog sich jede Stunde endlos hin. Keiner hatte zu irgendetwas Lust. Gegen Mittag hörten sie Tom Dalys Stimme vor der Hütte.

»Nichts gehört, Eily, was?«, fragte er.

Stumm schüttelte sie den Kopf.

»Du weißt, was das bedeutet. Jer wird sich nie für drei Kinder einsetzen, die allein eine Hütte bewohnen. Vermutlich habt ihr nicht genug zu essen. Höchstens für ein paar Tage. Was soll dann aus euch werden? Das Armenhaus ist nicht das Schlimmste. Wir haben fürchterliche Zeiten – was hab ich nicht schon alles mit ansehen müssen! Es werden mehrere Leute mitgehen. Wir brechen morgen Vormittag auf. Haltet euch bereit,

Eily! Es tut mir Leid, aber es gibt keine andere Möglichkeit.«

Er war kaum fort, da rannte Eily in die Hütte zurück und warf sich aufs Bett. Tränen liefen ihr über das Gesicht, sie konnte kaum atmen bei all dem Elend, das über sie hereinbrach. Peggy und Michael standen da und starrten sie an, die Augen groß und rund vor Entsetzen, dass ihre große Schwester die Beherrschung verloren hatte. Eily spürte ihre Angst und sie versuchte sich zu fassen.

Mutter und Vater mussten beide tot sein – dieser schreckliche Gedanke pochte in Eilys Kopf. Nie würden sie uns verlassen, dachte sie, wenn nicht das Schlimmste passiert war. Sie musste das vor Peggy und Michael verbergen, sie brauchten die Hoffnung. Eily dachte daran, wie verzweifelt Peggy gewesen war, als Bridget gestorben und Mutter fortgegangen war. Sie musste sehen, dass sie wieder einen klaren Kopf bekam, damit sie überlegen konnte.

»Es geht schon wieder. Hol mir nur einen Schluck Wasser, Michael, sei so gut«, bat sie. Dann trocknete sie ihre Augen und putzte sich die Nase.

»Was hat das zu bedeuten, Eily?« Michaels junges Gesicht war blass vor Kummer. In seinen großen, dunklen Augen stand Furcht.

»Ich weiß nicht. Ich weiß es einfach nicht. Vielleicht ist irgendetwas passiert, dass Mutter und Vater im Moment nicht zurückkommen können«, sagte sie und hoffte, dass es zuversichtlich klang.

»Aber Eily, das Armenhaus! Wir würden auseinander

gerissen, ihr beide und ich, und wir wären von Vater und Mutter getrennt. Dan Collins hat Pat und mir mal erzählt, diese Häuser stecken voller Krankheiten und man hört die Leute schreien, wenn man vorbeigeht ... Da gehe ich nicht hin. Das mache ich nicht«, sagte Michael trotzig.

»Wenn Michael nicht hingeht, will ich auch nicht«, plapperte Peggy mit ernstem Gesicht nach und fasste ihren Bruder an der Hand.

Eily spürte, wie ihr das Herz schwer wurde. »Aber wo sollen wir denn hin? Hier können wir nicht bleiben.«

»Wie ist es mit unseren Freunden?«, schlug Michael vor. »Die Collins oder Mary Kate?«

»Michael, denk nach, denk doch bitte nach!«, sagte Eily. »Die Collins sind gute Nachbarn, aber Teresa hat das Fieber und Mrs Collins geht es auch nicht gut. Wie sollen sie drei zusätzliche Esser aufnehmen? Und was Mary Kate angeht – sie hat ein gutes Herz, aber ihre Hütte ist winzig und sie hat kaum genug für sich selbst, ihre Ziege Nanny und ihren alten Hund Tinker.«

Tiefes Schweigen breitete sich aus. »Und was ist mit den Verwandten?«, platzte Peggy heraus. Eily und Michael drehten sich nach ihr um. »Nicht Großvater und Großmutter im Himmel und Tante Kitty, von der wir nichts wissen, aber die Tanten, die den Kuchen gebacken haben«, erklärte sie. »Die aus den Geschichten. Die müssen uns nehmen.«

»Du meinst die Großtanten Nano und Lena in Castletaggart? Aber das ist doch so weit weg. Wie können wir drei so eine weite Reise machen? Wisst ihr noch, wie

Mutter hingefahren ist, als Großmutter krank war und im Sterben lag? Sie hat Tage gebraucht und sie ist im Einspänner gefahren. Wir müssten zu Fuß gehen – das würde Wochen dauern, und überhaupt, wie sollen wir den Weg finden? Und wer weiß, den Tanten ist inzwischen vielleicht was passiert?« Eily gab sich Mühe ihre Stimme nicht gerade hoffnungslos klingen zu lassen.

»Es ist besser als das Armenhaus!«, behauptete Michael. »Sie gehören zur Familie und Mutter und Vater könnten hinkommen und uns holen. Bitte, Eily, wir müssen zusammenbleiben!«

Am Nachmittag räumte Eily, so gut sie konnte, die Hütte auf. Sie wusch sich und den Geschwistern den Kopf, verzichtete aber auf den Kamm und bürstete das Haar nur. Danach setzten sie sich zum Trocknen vor das Feuer. Am Abend gingen sie zeitig schlafen.

Eily erwachte jäh, als die Morgendämmerung heraufzog. Sie sprang aus dem Bett und lief zur Tür. Vielleicht war die Mutter gekommen und hatte nicht ins Haus gekonnt, weil alle geschlafen hatten? Draußen war alles still, kein Hälmchen rührte sich. In der Ferne konnte sie einen Fuchs über die Felder rennen sehen, ein kleines Kaninchen hing ihm schlaff aus dem Maul. Die Vögel fingen gerade an zu singen. Ein neuer Tag begann. Eily ging ein Stück den Weg hinunter und warf einen Blick auf die Hütte zurück. Das schmutzige, strohgedeckte Dach, die zwei großen flachen Steine vor der Tür, die Mutter und Vater an warmen Sommerabenden als Bank benutzt hatten. Seitlich die Stelle, auf der früher, als die Zeiten noch besser waren, Gemüse gewachsen war und

Kräuter. Die Hecken ringsum, und hinter der Hütte die hohen Weißdornbäume. Das war ihr Zuhause. Wie könnten sie es je verlassen?

Wenn nur Mutter da wäre und ihnen sagen würde, was sie tun sollten. Aber Mutter kam nicht. Sie waren jetzt allein – drei Kinder. Und sie würden überleben.

Nein, ins Armenhaus würden sie nicht gehen! Sie würden den Weg zu den Tanten finden. Bestimmt kannte sie jemand in Castletaggart. Eily holte ein paarmal tief Luft und pumpte ihre Lungen voll mit der guten, frischen Luft der Heimat. So viel musste getan werden, auch wenn ihr der Bauch vor Hunger knurrte. »Kleine Mutter« hatte ihre Mutter sie genannt. Sie würde sich gut um Michael und Peggy kümmern.

»Auf, auf, ihr Faulpelze!«, schimpfte sie, als sie wieder in der Hütte war. »An die Arbeit!«

Peggy rieb sich die Augen. Sie wirkte müde und zerschlagen. »Ist Mutter da, Eily?«, fragte sie noch halb im Schlaf.

»Nein, kleine Peggy«, sagte Eily beschwichtigend, »aber ich bin da und passe auf dich auf. Möchtest du, dass wir zu den Tanten gehen?«

»Ja! Au ja!«, bettelte Peggy.

»Also raus mit euch beiden und dann machen wir einen Plan«, sagte Eily.

So schnell wie möglich zogen sich alle an.

»Du, Michael, musst zu den Collins laufen und ihnen erzählen, was passiert ist – also nicht gerade Pat, diesem zerstreuten Burschen, sondern seinen Eltern. Sag ihnen unbedingt, dass wir uns auf den Weg zu den

Tanten machen, dass aber Tom Daly glaubt, wir gingen mit ihm ins Armenhaus. Zu den Tanten Nano und Lena – für den Fall, Mutter und Vater kommen zurück und suchen uns. Achte darauf, dass sie alles gut verstehen. Aber sonst zu niemandem ein Wort!«, sagte Eily eindringlich.

Zusammen mit Peggy kramte sie die paar Kleidungsstücke hervor, die sie besaßen, und davon nahmen sie die wärmsten Sachen mit. Dann rollten sie alle Decken zusammen. Schließlich kam Michael zurück. Sie sahen, dass er geweint hatte.

»Was ist passiert?«, fragte Eily.

»Teresa ist gestern gestorben«, schluchzte er. »Und Pat hab ich gar nicht gesehen – jetzt ist er krank – mein bester Freund auf der ganzen Welt – und ich sehe ihn wahrscheinlich nie wieder. Ich hab alles Mr Collins erzählt und er hat gesagt, was auch geschieht, er wird dafür sorgen, dass Mutter von uns erfährt.«

Eily und Peggy kochten ein paar Kartoffeln und etwas Mehlbrei. Sie setzten sich an den Tisch. Das Essen klebte ihnen wie Sägemehl im Mund. War das die letzte Mahlzeit in ihrer Hütte? An diese Frage mussten sie alle drei denken.

Danach räumten sie auf. Die Bratpfanne, zwei Blechbecher, die Schöpfkelle und ein Messer wickelten sie sorgfältig in die Decken ein. Jeder bekam ein Bündel zu tragen.

Die restlichen Lebensmittel wurden aufgeteilt und in den Taschen ihrer Kleidung aufbewahrt.

»Was ist, wenn Vater und Mutter zurückkommen

und alles ist weg – was werden sie denken?«, überlegte Michael.

»Sie werden verstehen, dass dies unsere einzige Chance ist zu überleben. Es ist besser, als wenn wir ohne was zu essen dastehen, und ringsum ist nichts als Krankheit«, sagte Eily und versuchte selbst daran zu glauben.

Sie saßen vor der Tür auf dem Steinsitz. Plötzlich sprang Eily auf.

»Bridget! Was ist mit Bridget?«, rief sie.

Sie rannten auf den hinteren Acker. Er war von Gras und wilden Blumen überwuchert. Hoch ragte der Weißdornbaum auf und seine dunklen Äste waren schwer von Laub. Ein Gefühl des Friedens überkam sie. Sie fassten sich an den Händen und baten Bridget, ihre kleine Schwester, sie möge auf sie aufpassen und sie beschützen. Es war, als sei ihr dünnes, glucksendes Stimmchen zwischen den raschelnden Blättern zu hören.

»Wir werden immer an diesen Platz denken!«, schworen sie sich.

»Kommt, Kinder!«, schrie da Tom Daly vom Rand des Ackers her. »Ich kann nicht ewig auf euch warten.« Die Kinder nahmen ihre Habseligkeiten auf und Eily schloss die Tür ab. Sie gingen den schmalen Weg hinunter. Dort stand schon eine Gruppe von vierzehn Leuten. Die Kinder sagten kein Wort und warfen keinen Blick mehr zurück.

Auf dem Weg zum Armenhaus

Die drei Kinder liefen mehr als eine Meile ohne ein Wort. Schweigend sahen sie sich um. Da war Statia Kennedy mit ihrer Tochter Esther. Sie waren beide so schwach, dass sie kaum laufen konnten. Die Augen waren ihnen tief in den Kopf gesunken. Dann der große John Lynch – die meisten Leute aus der Gegend wussten, dass der stattliche und große Mann den Verstand eines Kindes besaß und dass bisher seine Schwester für ihn gesorgt hatte. Dann die kleine Kitty O'Hara. Sie ging ganz allein, ihre Angehörigen waren alle tot. Dann die O'Connell-Zwillinge. Ganz hinten ein paar alte Leute, offensichtlich tief verstört und durcheinander, dass sie ihre Häuser verlassen mussten.

Eily ging neben Kitty O'Hara. Die schien mürrisch und feindselig, gar nicht freundlich wie sonst immer.

»Sei bloß still, Eily O'Driscoll. Ich bin froh, dass ich ins Armenhaus komme. Wenigstens kriegt man da eine Mahlzeit und ein Dach über den Kopf. Sie sind alle gestorben, meine ganze Familie. Ich bin als Einzige übrig geblieben. Und ich werde weiterleben.«

Eily suchte nicht nach einer Antwort. In anderen Zeiten und unter anderen Bedingungen hätten alle ihr Vergnügen an diesem Spaziergang gehabt. Es war ein warmer, sonniger Tag. Die Landschaft lag in üppigem Grün, herrliches Weideland ringsum. Die Kühe ins Wiederkäuen vertieft, achteten nicht auf die Vorüberkommenden. Überall, wo Kühe grasten, stand ein Mann oder ein Junge Wache und schützte sie vor den Armen und Hungernden der Gegend. Bei Dunkelheit wurden die Tiere eingesperrt und auch über Nacht ließ man sie nicht aus dem Auge.

Weiß glänzten die Häuschen und Hütten am Hang. Hier und da stand eine Frau unter der Tür und sah die Gruppe zerlumpter Menschen vorbeischlurfen. Meistens wandten sie sich ab und zogen ihre Haustür hinter sich zu. Andere verbargen ihren Kopf in der Schürze und flohen vor dem unseligen Anblick. Kinder sahen aus den Fenstern und winkten. Eily schämte sich – als wäre sie eine Ausgestoßene. Niemand fand einen Gruß oder ein freundliches Wort des Trostes für die traurige Schar.

Sie rasteten ein paar Minuten an einem kleinen Bach. Alle tranken einen Schluck und kühlten sich das Gesicht. Tom Daly wich ihren Blicken aus und schien beständig in Gedanken versunken. Statia Kennedy schlüpfte aus ihren derben Stiefeln und hielt ihre Füße ins Wasser.

Weiter ging der Fußmarsch. Peggy fing an zu jammern, beherrschte sich aber, als sie Eilys wütenden Blick auffing.

»Untersteh dich und mach mit deinem Geschniefe die Leute auf uns aufmerksam! Dann kriegst du eine Tracht Prügel, das sag ich dir!«

»Ja, ja, Eily, es tut mir Leid«, murmelte Peggy unterdrückt. Sie ahnte, dass sie sich jetzt zusammenreißen musste.

Sie hatten Duneen fast hinter sich, den Bezirk, der ihnen allen so vertraut war – noch ein paar Meilen, dann war das Armenhaus erreicht.

»Ach, heilige Mutter Gottes, meine armen alten Füße!« Statia Kennedy lag auf der Erde, ihre Tochter half ihr und ein paar alte Leute standen um die beiden herum. Die vor Schmutz schwarzen Zehen bluteten und waren entzündet, der ganze Fuß aufgedunsen und geschwollen. Die alte Frau stöhnte vor Schmerzen.

Eily zwinkerte Michael zu. Wie beiläufig sprang er über die niedrige Steinmauer und steuerte ein Gebüsch an, als müsse er einem natürlichen Bedürfnis nachkommen. Im Nu war er außer Sicht.

Die beiden Mädchen rührten sich nicht. Tom Daly kam heran und kniete sich neben der alten Frau nieder.

»Lass mich hier an der Straße sterben«, schluchzte Statia, »ich schaffe es nie bis zum Armenhaus.«

Tom Daly gab sich alle Mühe, sie zu trösten und redete ihr gut zu. Aller Augen waren auf ihn gerichtet – was würde er jetzt tun?

Da griff Eily schnell nach Peggys Arm und halb zog, halb schubste sie sie über die Steinmauer. Sie gingen in die Hocke und bahnten sich in gebückter Haltung einen Weg zum Gebüsch. Von dort schlängelten sie sich zu dritt hinter Hecken und Feldern entlang. Sie mussten noch öfter über Steinmauern klettern. Immer um Deckung bemüht, änderten sie nach und nach ihre Richtung hügelwärts.

»Eily! Eily! Um Himmels willen, kommt zurück!«

Von weit unterhalb hörte Eily, wie Tom Daly nach ihnen rief. Die Kinder rannten weiter. Das Herz hämmerte ihnen in der Brust, stoßweise ging der Atem. Erst auf der anderen Seite des Hügels verlangsamten sie ihr Tempo. Sie hatten tatsächlich kehrtgemacht und befanden sich nun wieder auf vertrautem Boden. Ringsum Stille, nur das Kreischen eines Vogels am Himmel. Sie blieben stehen. Von den Knien abwärts waren ihre Beine übersät von Brennnesselstichen. Offenbar waren sie, ohne es zu merken, durch Brennnesseln gerannt.

»Michael! Michael!«

Es waren die O'Connell-Zwillinge Seamus und Peadar. Mit ihrem rot gelockten Haar und den leuchtend grünen Augen glichen sie einander wie ein Ei dem anderen. Sie kamen genau auf die O'Driscoll-Kinder zu, hatten sie aber glücklicherweise noch nicht entdeckt. Blitzschnell warfen sich die drei flach auf den Bauch und robbten zwischen dicht stehendes Farnkraut und Stechginster. Die Felder und Hänge waren übersät von Stechginster, seine leuchtend gelben Blüten bildeten glänzende Flecken in der Landschaft. Doch seine spitzen Dornen rissen den Kindern die Hände auf und zerschnitten ihnen die Gesichter. Sogar durch die Kleidung bekamen sie Kratzer in die Haut. Sie lagen reglos und wagten kaum zu atmen. Jetzt verstanden sie die Angst eines vor Schreck erstarrten Kaninchens, das man in die Enge getrieben hatte.

Peadar stand nur ein paar Meter von ihnen entfernt. Er hatte einen dünnen Stecken in der Hand. Scharf ließ er ihn auf den Ginster sausen und brachte damit das ganze Gebüsch zum Schwanken. Eily presste ihre Augen fest zusammen.

»Shamey, Shamey, hier ist keine Spur von ihnen! Wie

lang, hat Tom gesagt, sollen wir nach ihnen suchen, bevor wir ihn auf der Straße wieder einholen?«

Sie waren inzwischen weitergegangen und klagten einander ihr Leid. Die Stimmen schienen jetzt entfernter, doch Michael bestand darauf, dass sie noch in ihrem Versteck blieben – es könnte eine Falle sein. Eily lag so zusammengekauert, dass ihre Füße und Zehen wie betäubt waren.

Auf ihrem Rücken kitzelte etwas. Sie musste sich zum Stillliegen zwingen.

Peadars Stimme wurde plötzlich wieder lauter, eine dritte Person war hinzugekommen. War Tom Daly selbst aufgetaucht, um nach ihnen zu suchen? Nein, es war keine Männerstimme. Diese Stimme war ihnen bekannt. Sie gehörte Mary Kate.

Wieder vergingen fast zwanzig Minuten. Kein Laut war zu hören. War die Luft rein? Konnten sie ihr Versteck verlassen?

»Nanny! Nanny! Wirst du dich wohl sehen lassen, du lästiges Geschöpf? Wegen dir bin ich ganz außer Atem«, rief Mary Kate mit schmeichelnder Stimme. Die alte Frau suchte ihre Ziege. Das erklärte, warum sie hier auf den Feldern war.

»Nanny, du hast mein armes, altes Herz gebrochen!«, klagte Mary Kate.

Eily konnte sie durch die Büsche sehen und sie glaubte es kaum – Mary Kate zwinkerte ihnen zu! Oder hatte sie etwas am Auge? Nein, sie zwinkerte ihnen zu. Ganz bestimmt. Die alte Frau stand direkt vor ihnen.

»Nanny, Nanny!«, rief sie laut und dazwischen zischte sie: »Ihr seid in Sicherheit, ihr Strolche. Ich hab sie hinter einer Wildgans hergehetzt. Kommt schnell raus, wir gehen zu mir nach Hause!«

Die Kinder trauten ihren Augen und Ohren kaum. Sie waren steif und verkrampft, aber bis zu Mary Kates Hütte mussten sie noch in gebückter Haltung gehen. Die alte Frau schob die Kinder durch die Tür und schloss ab.

Nach der gleißenden Sonne draußen mussten sie sich blinzelnd erst an das Dämmerlicht in der Hütte gewöhnen. Kaum drinnen, umarmte Mary Kate die Kinder eins nach dem anderen. Sie erzählten ihr die ganze Geschichte und wie sie es geschafft hatten, dem Armenhaus zu entkommen. Mary Kate schüttelte den Kopf und staunte über die Kühnheit der Kinder. Während sie berichteten, holte die alte Frau Wasser und einen Lappen und wusch und säuberte ihnen eigenhändig die Kratzer und Brennnesselstiche an Armen und Beinen. Dann schmierte sie mit schmutzigen Fingern eine fettige Salbe auf die betroffenen Stellen. Es roch ekelhaft, wie etwas Verfaultes, aber innerhalb von zwei Minuten waren Schmerzen und Stechen vergangen. Die Hütte war dreckig wie immer und Eily war versucht den Besen zur Hand zu nehmen und gründlich zu fegen, um sich für die Freundlichkeit der alten Frau zu bedanken. Aber wenn vier Personen in der Hütte waren, konnte man sich kaum bewegen. Die Kinder hockten sich auf den Boden zwischen Asche und Dreck. Mary Kate stocherte im Feuer herum, dann stellte sie einen großen Topf zum Kochen darauf.

»Ihr wisst, Kinder, dass ihr bei mir willkommen seid«, sagte Mary Kate.

Sie meinte es ehrlich, das spürte Eily, aber sie konnten unmöglich hier bleiben, die Hütte war viel zu eng und Mary Kate war es gewohnt, allein zu leben. Außerdem bestand die Gefahr, dass Tom Daly die Kinder hier ausfindig machte, dann könnte er die alte Frau vor die Tür setzen.

»Wir bleiben über Nacht, Mary Kate«, sagte Eily, wobei sie sich Mühe gab, nicht undankbar zu scheinen. »Aber morgen früh, sobald es hell wird, müssen wir uns auf den Weg nach Castletaggart machen und unsere Tanten suchen. Wir wissen nicht, was Vater und Mutter zugestoßen ist, aber sie werden nachkommen, wenn sie können.«

Peggy hatte sich allmählich entspannt, sie war zu dem Schluss gekommen, dass sie sich nicht mehr vor der alten Frau fürchtete. Nun saß sie zu Mary Kates Füßen und streichelte Tinker. Ein köstlicher Duft stieg aus dem Kochtopf und breitete sich in der Hütte aus. In den Bäuchen der Kinder rumorte es vor Hunger. Mary Kate kramte unter einem Abfallhaufen vier Teller hervor. Sie wischte mit dem Ärmel darüber, dann schöpfte sie das kochend heiße Zeug aus dem Topf darauf. Eily und Michael konnten nicht eindeutig feststellen, was es war, aber es schmeckte vorzüglich. Vielleicht war es besser, gar nicht nach den Bestandteilen der Suppe zu fragen. Gott allein wusste, was die alte Frau alles für ihren Kochtopf gesammelt hatte.

Nach dem Essen steckte Mary Kate Peggy in ihr eigenes Bett auf der Wandbank. Danach setzte sie sich wieder in ihren alten Stuhl und redete auf Eily und Michael ein. Sie nahm drei, vier Gläser vom Schrank herunter und machte die Deckel auf.

»Das hier ist gegen Fieber. Man mischt es mit Wasser und trinkt etwa viermal pro Tag davon«, fing Mary Kate an. »Das da ist gegen Bauchschmerzen und Krämpfe. Man nimmt eine kleine Prise Blätter und Kräuter und zerkaut alles gründlich – macht euch nichts aus dem Geschmack. Und diese Salbe hier habe ich heute Abend benutzt. Sie hilft bei Schnitten und Wunden, Bissen und Stichen. Zuerst muss man die verwundete Stelle gut reinigen, dann trägt man die Salbe auf.«

Sie verschloss die Gläser wieder und gab sie Eily. »Ihr habt eine weite Reise vor euch, macht euch die Natur zum Freund und Helfer. Weicht anderen Leuten auf den Straßen aus, sie könnten die Krankheit übertragen. Sammelt, was ihr könnt, aber esst nie unbekannte Beeren und Pilze und auch kein totes Tier, wenn ihr eines finden solltet. Nur frisches Fleisch taugt etwas. Und: Folgt immer dem Fluss, er wird euer Wegweiser sein! Gott beschütze euch, ihr armen Geschöpfe. Ich werde immer an euch denken und nach euerer Mutter halte ich Ausschau.«

Als sie ihre Rede beendet hatte, erhob sich die alte Frau, legte die zwei oberen Schichten ihrer Kleidung ab und schlüpfte in ihr Bett neben die schlafende Peggy. Eily und Michael waren erschöpft und müde, sie streckten sich zum Schlafen auf dem Boden aus.

Die Morgendämmerung brach gerade an, da waren

die Kinder bereit zum Aufbruch. Ein Schluck Ziegenmilch und ein Stück altbackenes, ungesäuertes Brot war ihr Frühstück. Über die Wangen der alten Frau liefen zwei dicke Tränen und hinterließen helle Spuren auf ihrem braunen Gesicht. Allen war klar, dass sie sich wohl nie wieder sehen würden.

»Gott verschone euch«, betete Mary Kate. Sie winkte den Kindern nach, als sie durch das hohe, taufeuchte Gras davongingen. Hügelabwärts gingen sie, in Richtung auf das durch die Bäume schillernde blaue Band in der Ferne. Denn dort lag der Fluss.

Dem Fluss nach

Als sie am frühen Morgen durch das feuchte Gras gingen, war es noch kühl. Aber es sah ganz danach aus, als würde es wieder glühend heiß werden. Fast konnten sie sich einbilden, sie seien nur zu einem Ausflug von wenigen Stunden aufgebrochen. Ein, zwei verschreckte Ratten liefen ihnen über den Weg. Vorsichtig schlängelten sich die Kinder durch ein Haferfeld. Hohe, leuchtend rote Mohnblumen auf dünnen Stängeln winkten ihnen zu. Peggy konnte der Versuchung nicht widerstehen und pflückte welche, doch in wenigen Minuten hingen sie ihr schlaff in der Hand und die samtigen, roten Blumenblätter klebten feucht aneinander.

Am besten war es, sie stehen zu lassen, damit sie im leichten Wind hin und her schwanken konnten.

Bis zum Fluss brauchten sie etwa eine Stunde. Sie setzten sich auf die Felsen und ließen ihre Füße im kalten, klaren Wasser baumeln, das über Steine und Sand dahinströmte. Die nächsten zwei Stunden folgten sie dem Flusslauf. Aber an der Uferseite, auf der sie gingen, wurde die Erde allmählich immer feuchter und klebriger und sie blieben oft im Lehm stecken. Das ganze Feld um sie herum war matschig und sie sanken immer wieder im zähen Schlamm ein. Auf der anderen Flussseite schien das Gras trockener und Wasserlöcher, denen sie hier immer wieder ausweichen mussten, konnten sie drüben auch nicht erkennen.

»Wir müssen über den Fluss«, drängte Michael. »Sonst bleiben wir noch stecken und dann müssen wir nach einem höher gelegenen Weg suchen.« Seine Stimme klang ernst. Aufmerksam beobachtete er den Wasserlauf, bis er schließlich überzeugt war eine günstige Stelle zum Überqueren gefunden zu haben.

Der Fluss verengte sich hier und große, mit Flechten überzogene Felsblöcke bildeten eine Art Steg über das strömende Wasser.

»Ich geh als Erster, Mädchen, passt auf, ich mach es euch vor«, sagte Michael wichtig. »Und dann komme ich zurück und hole Peggy.« Damit watete er auf den ersten Steinblock zu. Der war uneben und schwankte gefährlich. Michael sprang auf den nächsten, der lang und schmal aus dem Wasser ragte, dann auf zwei kleinere und schließlich mit einem hohen Schritt auf einen zerklüfteten Granitblock. Von da aus kam man leicht von einem Felsen auf den nächsten bis zum Sand und Kies auf der anderen Seite. Michael verbeugte sich übermütig zu den beiden Mädchen hin. »Na, ist das nicht ganz leicht? Warte, Peggy, ich komme zu dir!«

Peggy watete ein Stück ins Wasser hinaus, dann folgte sie Michaels Anweisungen. Als der große Felsen ins Schwanken geriet, sah sie sich bereits ins Wasser fallen, aber Michael streckte ihr rechtzeitig den Arm entgegen. Alles ging gut. Sie kamen an den zerklüfteten Granitblock. Michael musste vor Peggy gehen und sie hinaufziehen. Als er sich ihr entgegenbeugte, sah er auf einmal, dass er sich am Schienbein eine lange, klaffende Wunde gerissen hatte, aus der das Blut ins kristallklare Wasser tropfte. Eily war ihren Geschwistern mit zwei Steinen Abstand gefolgt. Kurz darauf gelangten sie alle sicher am anderen Ufer an.

»Du hast dich verletzt, Michael!«, stellte Eily fest. »Soll ich dir etwas von Mary Kates Salbe drauftun?«

Er zog die Schultern hoch. »Ich wasche es ein bisschen aus, es ist ja nur ein kleiner Riss. Mach bloß kein Theater daraus – du bist ja fast so schlimm wie Mutter!«

Sie gingen weiter. Leise summten sie eine von Vaters Melodien vor sich hin. Peggy blieb immer wieder stehen, hob Steine auf, Blumen und Vogelfedern, doch als ihr niemand tragen helfen wollte, blieb ihr nichts übrig, als die Sachen wieder fallen zu lassen. So marschierten sie mehrere Stunden. Die Sonne stand hoch und direkt über ihren Köpfen. Über Stirn und Nacken rann ihnen der Schweiß.

»Ich will anhalten. Ich geh keinen Schritt mehr weiter!«, sagte Peggy eigensinnig. Ihre Wangen waren heiß und rot und sie sah todmüde aus.

Sie ließen sich zum Rasten einfach auf die Erde fallen. Mary Kate hatte ihnen eine Kanne mit Milch von Nanny geschenkt. Jeder bekam ein paar Schlucke davon. Noch ein paar Stunden in dieser Hitze und die Milch wäre ungenießbar geworden. Sie aßen eine kleine Portion kalten Mehlbrei. Das war genug, den Rest würden sie für später aufheben. Im Fluss spülten sie die Kanne aus und füllten sie mit Wasser. Dann legten sie sich wie eine Schar Küken in die Sonne. Sie waren so müde, nicht einmal Kraft zum Reden hatten sie. Schließlich mussten sie alle eingedöst sein, Eily wusste nicht, wie es geschehen konnte. Als sie aufwachte, stand die Sonne tiefer am Himmel und die drückende Hitze war vergangen. Sie stieß ihre Geschwister an. Dann machten sie sich wieder auf den Weg, denn sie wollten vor der Dunkelheit noch ein paar Meilen hinter sich bringen.

Gegen Abend fanden sie ein geschütztes, trockenes Plätzchen in der Nähe des Flusses. Sie breiteten ihre Decken über das weiche Farnkraut. Dann aßen sie noch etwas, kuschelten sich aneinander und beobachteten, wie der Nachthimmel heraufzog. Bevor die Sterne erschienen, waren sie alle drei fest eingeschlafen.

Auf ähnliche Weise vergingen die drei nächsten Tage. Eily machte sich allmählich Sorgen, weil der Beutel mit den Esssachen immer leichter wurde. Michaels kleiner Riss war nicht verheilt. Gelber Eiter trat unter dem

Schorf aus und gegen das Knie hin zogen sich schwachrote Streifen. Sie hatten ihr Marschtempo verlangsamt und Eily hatte den Verdacht, dass Michael Schmerzen im Bein hatte. Am Abend vorher hatte sie gegen seinen Widerstand ein wenig von Mary Kates Salbe aufgetragen. Hoffentlich war es nicht zu spät.

An diesem vierten Tag nun war es drückend heiß, obwohl die Sonne nicht zu sehen war. Bei einem solchen Wetter lange zu laufen, war äußerst ermüdend. Man hatte das Gefühl, es sei nicht genügend Luft zum Atmen da.

Durch Unkraut und Schilf am Flussufer erkannten sie ab und zu Menschen auf der fernen Straße. Der Uferweg, auf dem die Kinder gingen, lag voller Steine und Eily glaubte, das Laufen auf der ausgetretenen Straße würde Michael leichter fallen. Sie machten einen Bogen um die wenigen Leute, an denen sie vorüberkamen, weil sie an Mary Kates Warnung dachten.

Dann kam ein Mann auf einem Pferd geritten, das eine Art Schlitten hinter sich herschleifte. Der Mann hatte sich ein Stück Stoff um das Gesicht gebunden, seine Augen blickten starr geradeaus. Auf dem Schlitten lagen vier, fünf leblose Körper aufeinander, Skelette nur noch. Ihre nackte Haut und die Knochen ragten unter Lumpen hervor. Die Kinder drehten sich um und rannten davon. Eily drückte Peggy ihre Hand über die Augen. Sie wollte sie vor diesem Anblick bewahren.

Niedergeschlagen wanderten sie weiter. Nach ein paar Meilen trafen sie auf eine prächtige Kutsche. Eine Horde Menschen stand um das Gefährt herum. Bedrohliches Schweigen lag in der Luft. Der Kutscher bemühte sich das erschreckte Pferd zu beruhigen, während die beiden Passagiere fassungslos auf die Menschen ringsum starrten. Sie fürchteten um ihr Leben. Der Mann stand auf und streute Münzen auf die Straße, in der Hoffnung die Menge damit aufzulösen und den Weg freizubekommen. Die Frau hatte ihre Haube verloren und stand schreckensbleich vor dem trostlosen Anblick, den die Männer, Frauen und Kinder boten.

Entsetzt über diese Ereignisse, verließen die Kinder die Straße und gingen auf einem Pfad weiter, der sich in derselben Richtung wie der Fluss dahinzog. Eily konnte ihre Sehnsucht nach Vater und Mutter nicht unterdrücken. Immer wieder grübelte sie darüber nach, was passiert sein mochte.

Am nächsten Morgen war Michaels Bein geschwollen, er konnte das Knie nicht beugen. So würden sie nicht weit kommen. Er schaffte es, eine Meile etwa zu humpeln. Dann aber hatten sie so großes Glück, dass sie es kaum fassen konnten. Gerade hatten sie einen Zauntritt überstiegen, da entdeckten sie am anderen Ende des Feldes unter einer Gruppe mächtiger Kastanienbäume eine schwache Rauchspirale. Peggy rannte darauf zu.

»Ein Feuer!«, rief sie. »Kommt schnell und seht!«

Sie hatte Recht. Es war kaum zu glauben – sie standen vor der erlöschenden Glut eines Feuers! Aufgeregt kroch Eily unter den Bäumen herum und suchte trockene Zweige. Sie fand einige und legte sie vorsichtig auf die glimmende Asche. Dann kniete sie sich davor und blies sachte in die Glut. Schwach flackerte eine kleine Flamme auf. Peggy sprang vor Begeisterung auf und ab. Plötzlich erfasste eines der Flämmchen die dürren Zweige und setzte sie in Brand. Sie hatten ein Feuer! Michael ließ sich langsam auf den Boden nieder und lehnte sich – die Beine ausgestreckt – gegen den dicken Stamm eines Baumes. Die Mädchen legten ihre Sachen ab und machten sich auf die Suche nach geeignetem Brennmaterial, damit sie das Feuer in Gang halten konnten. Sie schleppten Zweige und Stöcke heran, bis sie das Gefühl hatten, es würde reichen.

Offenbar waren kurz vorher Leute hier gewesen. Sie hatten noch mehr Spuren hinterlassen. Eily durchsuchte das hohe Gras und fand einen dicken, geschwärzten Ast, den ihre Vorgänger für das Feuer benutzt haben mussten. Sie hängte ihren Topf daran, schüttete Wasser hinein und zwei Hand voll Maismehl und gab etwas Schmalz dazu. In die Glut legte sie drei verschrumpelte Kartoffeln zum Backen. Heute Abend würden sie gut essen. Sie waren ausgehungert und schwach, und um ständig Nahrung zu suchen, würden sie Kraft brauchen.

Trotz des heißen Wetters war es behaglich, die Wärme des Feuers zu spüren und den Duft von etwas Gekochtem zu riechen. Michael sah todmüde aus. Diesmal musste er sich zurücklehnen und den Mädchen alle Arbeiten überlassen. Das Essen brannte ein wenig an, Eily musste es aus dem Topf herauskratzen, aber trotzdem tat ihnen etwas Warmes im Magen gut. Nach dem Essen hängte sie den Topf noch einmal über das Feuer und kochte Wasser ab.

»Wofür ist das?«, wollte Michael wissen. »Gibt es noch was zu essen?«, fragte er hoffnungsvoll.

»Pass auf, dass es keine Schläge gibt«, scherzte Eily. »Leider hab ich den großen Holzlöffel nicht dabei! Sei nur still. Das Wasser ist für dein Bein und wenn du schön brav bist, gibt es hinterher noch eine gebratene Kartoffel.«

Es dauerte nicht lange, bis das Wasser kochte.

»Was willst du machen, Eily?«, fragte Michael mit Angst in der Stimme.

»Etwas, das ich schon ein paarmal bei Mutter gesehen habe«, erwiderte sie. »Erinnerst du dich noch, als Vater diesen Splitter in der Hand hatte und Peggy den schlimmen Riss am Knie? Verstehst du, Michael, die Wunde ist voller Gift. Wir müssen sie gründlich sauber machen, damit das Gift aus dem Körper geht.«

Sie hob den Topf vom Feuer und stellte ihn auf einen Stein. Dann nahm sie das Messer, hielt es ungefähr zwei Minuten ins Wasser und drückte es dann schnell auf die tückische Wunde in Michaels Bein. Er schrie vor Schmerz. Eily ließ das Messer sinken und riss einen Stoffstreifen aus ihrem zweiten Unterhemd. Sie tauchte den Stoff ins Wasser und verband damit die Wunde.

»Das ist zu heiß – tu es weg, Eily!«, flehte Michael. »Tu das runter!«

»Nein, das bleibt drauf«, sagte sie streng. Sie riss einen zweiten Stoffstreifen ab und tränkte ihn mit heißem Wasser. Hoffentlich sah ihr kleiner Bruder nicht die Tränen in ihren Augen!

Dreimal wechselte sie den heißen Umschlag und beim

dritten Mal war der Stoff an der Stelle, wo der Eiter abfloss, gelb und grün. Dann goss sie das immer noch heiße Wasser über das Bein und wusch die Wunde aus. Zuletzt band sie einen trockenen Stoffstreifen darum.

Am nächsten Tag seufzte Eily vor Erleichterung, als sie Michaels Bein untersuchte. Die Schwellung war zurückgegangen und die leuchtend roten Streifen, die sich auf dem Bein gezeigt hatten, waren zu einem matten Rosa verblasst. Noch einmal kochte sie Wasser ab, legte heiße Stoffstreifen auf und sorgte dafür, dass Michael das Bein nicht belastete.

Am dringlichsten war es nun, mehr Wasser und Brennmaterial heranzuschaffen und, wenn möglich, etwas zu essen. Eily lief ein Stück abwärts zu einem Bach, den sie vor einer Weile schon entdeckt hatte. Dort füllte sie Kanne und Becher nach. Peggy traute sie das nicht zu, sie könnte ins Wasser fallen oder auf dem Rückweg alles verschütten. Sie schickte die Kleine auf die Suche nach Feuerholz. Und falls sie etwas Essbares finden würde, sollte sie sich die Stelle gut merken. Auf jeden Fall aber sollte sie in Michaels Rufweite bleiben.

Auf dem Rückweg vom Bach geriet Eily vor Freude fast aus dem Häuschen, als sie eine Stelle mit kleinen Walderdbeeren entdeckte. Die winzigen roten Herzen schimmerten schwach zwischen Brennnesseln und Unkraut hervor. Sie würde wegen der Beeren noch einmal wiederkommen, und auch, um noch ein paar frische Brennnesseln für eine Suppe zu sammeln. Peggy war vor ihr wieder zurück. Ungestüm vor Aufregung rannte sie ihr entgegen.

»Eily! Eily! Komm schnell!«, drängte sie. »Du wirst staunen, was ich gefunden habe!«

Eily stellte Becher und Kanne voll Wasser auf einer ebenen Stelle ab, neugierig, was sich hinter Peggys Aufregung verbergen mochte. Peggy verschwand hinter einem Baum, dann tauchte sie mit einem großen Kaninchen in der Hand wieder auf. Die glasigen Augen waren starr auf Eily und Michael gerichtet. Es sah aus, als wäre es mindestens schon einen Tag tot – wenn nicht länger.

»Wo hast du das gefunden?«, fragte Eily freundlich. »Du hast es doch nicht selber gefangen?«

»Nein, Eily, ich hab es neben einem Büschel schöner, blauer Blumen liegen sehen – ist es nicht prächtig?«, sagte Peggy stolz.

Eily wusste nicht, was sie sagen sollte. Sie konnten, weiß Gott, ein bisschen Fleisch vertragen, aber sie musste an Mary Kates Warnung denken: Nur frisches Fleisch essen, nichts anrühren, was man schon tot gefunden hat.

»Weißt du nicht mehr, Peggy, was uns die alte Mary Kate eingeschärft hat?«

Peggys Gesicht sackte vor Enttäuschung zusammen. Aber sie begriff, was Eily meinte. Sie rannte zurück zwischen die Bäume und schleuderte das Kaninchen davon. Eily versuchte sie zu trösten: Da, wo sie das eine gefunden hatte, könnten noch mehr Kaninchen sein und vielleicht würden sie eins fangen. Außerdem solle sie den Topf holen, dann würde sie ihr eine Stelle mit Walderdbeeren zeigen.

Der Tag verging mit dem Sammeln von Brennmaterial und allem, was auch nur entfernt essbar war. Michael wollte wieder laufen, aber Eily bestand auf einem weiteren Tag Ruhe für sein Bein. Sie lutschten die Walderdbeeren, bis ihre Münder rote Flecken hatten. Eily entdeckte ein vernachlässigtes Stück Land, auf dem vereinzelt noch ein paar Rüben und Karotten wuchsen. Sie füllte sich die Taschen damit, voller Freude auf die nahrhafte Suppe, die sie nun kochen konnten.

An diesem Nachmittag schien die Sonne so warm, dass Peggy und Eily zum Bach hinunterrannten, bis zu den Hüften hineinwateten und sich erfrischten. Sie bespritzten einander und wuschen sich den Dreck vom Gesicht, von Hals und Armen. Dann lagen sie im Unterhemd am Ufer, bis die Sonne sie getrocknet hatte. An diesem Abend bekam jeder eine große Portion Suppe, in die Eily das restliche Maismehl gerührt hatte.

Am nächsten Tag war Michael schon vor den Mädchen auf. Er stand vor ihnen und führte stolz sein geheiltes Bein vor. Sein Gang war noch etwas steifbeinig, aber er war voller Unternehmungslust. Sie wussten, dass es längst Zeit war weiterzuziehen, aber sie waren nur ungern bereit die Behaglichkeit des Feuers aufzugeben. Sie schichteten es sorgfältig auf, bevor sie Michael alles ringsum zeigten.

Peggy führte sie an die Stelle, an der sie das Kaninchen gefunden hatte. Sie kauerten sich ins Farnkraut und mussten lange warten, aber dann kam tatsächlich eine Kaninchenfamilie angehoppelt, die in wenigen Metern Entfernung spielte und herumknabberte. Mucksmäuschenstill verhielten sich die Kinder. Michael hatte einen großen Stein in die Hand genommen. Er visierte ein kleines Kaninchen an, das sich zu weit von den anderen entfernt hatte und eifrig an saftigen Grashalmen mümmelte. Er zielte und warf. Zuerst schien das Kaninchen nur betäubt. Die anderen waren eilig davongestoben. Dann erkannte Michael, wie genau er getroffen hatte – das Kaninchen war tot. Er rannte hin und hob es in die Höhe. Es war sehr klein. Viel zu essen würde nicht dran sein, aber immerhin war es Fleisch.

Peggy baute sich vor Michael auf und hämmerte ihm gegen die Brust. Sie war außer sich dieses kleine Tierchen sterben zu sehen. Eily lenkte Peggy ab, während Michael das Kaninchen häutete und ausnahm. Als Eily das Kaninchen mit Zwiebeln und Karotten gekocht hatte, kamen auch von Peggy keine Einwände mehr gegen dieses üppige Mahl. An diesem Abend kam das Grummeln in ihren Bäuchen daher, dass sie plötzlich gesundes und wohlschmeckendes Essen zu verdauen hatten.

Es war noch dunkel, als sie die ersten Regentropfen auf ihren Gesichtern spürten. Morgens gegen sieben regnete es schwer und gleichmäßig. Ihr Feuer war ausgegangen, das Regenwasser hatte die Asche unterspült und schwemmte sie in grauen Rinnsalen durch das Gras.

Sie sammelten ihre Habseligkeiten ein. Die Mädchen schlangen sich ihre Tücher um den Kopf. Es gab keinen Grund mehr, länger hier zu bleiben. Sie mussten weiter.

Die Suppenküche

Die nächsten zwei Tage regnete es ununterbrochen. Ihre Kleider waren feucht. Die Knochen taten ihnen weh. Nachts legten sie sich auf die nasse Erde und suchten ein wenig Schutz unter ihren klammfeuchten Decken. Sie waren nun doch auf der Straße weitergegangen, weil es sich im nassen Gras nicht gut laufen ließ.

Ab und zu waren sie Leuten begegnet. Die meisten nickten nur mit dem Kopf. Sie sahen entsetzlich aus – zerlumpt, unterernährt und dreckig. Die Kinder waren sich nicht im Klaren darüber, dass sie selbst keinen viel besseren Anblick boten. Neben ihnen lief plötzlich ein großer, schmächtiger Junge von ungefähr fünfzehn Jahren.

»Joseph T. Lucy«, stellte er sich mit einer Verbeugung vor. Seine Kleidung war schmutzig und Eily rümpfte unwillkürlich die Nase, weil er verschwitzt und ungewaschen roch. Aber er war trotz dieser Mängel ein guter Weggefährte und nach einer halben Stunde entspannte sich Eily so weit, dass sie ihren Griff um den fast leeren Essensbeutel lockerte.

Joseph sagte ihnen, dass sie nur noch etwa eine Stunde von dem kleinen Ort Kineen entfernt waren. Er hatte gehört, dass dort Angehörige einer fremden Religionsgemeinschaft eine Suppenküche für die Armen der Gegend eingerichtet hatten.

»Kommt schon«, drängte er, »vielleicht kriegen wir alle eine Mahlzeit, dann können wir eine kleine Verschnaufpause einlegen.«

Joseph hatte Recht, eine Mahlzeit würde ihnen gut tun, und wer weiß, vielleicht trafen sie Bekannte, von denen man möglicherweise etwas über Vater und Mutter in Erfahrung bringen könnte. Nach Kineen also.

Eily erschrak, als sie den Ort erreichten – sie konnte es gar nicht glauben, wie viele Menschen unterwegs waren. Hunderte verwahrloster, hungernder Männer, Frauen und Kinder drängten sich in der engen Hauptstraße. Sie hatten eine lange Warteschlange gebildet in ihrer verzweifelten Hoffnung auf Essen. Manche konnten nicht mehr stehen, so elend waren sie. Mutlos, doch fest entschlossen, ihren Platz in der Schlange nicht aufzugeben, hatten sie sich am Straßenrand niedergelassen. Joseph und die O'Driscoll-Kinder stellten sich hinten an. Eily ließ ihre Blicke über die Menge schweifen und suchte nach einem vertrauten Gesicht.

Die Gesichter – diese Gesichter –, nie würde sie die vergessen. Alle hatten denselben Ausdruck. Die Wangen eingefallen, tiefe Ringe unter weit aufgerissenen, starren Augen, die Lippen schmal und fest aufeinander gepresst, gelblich die Haut. Hunger und Krankheit hatten diese Menschen vollkommen verändert. Sie waren wie Gespenster. Alte Frauen kratzten und drängelten, um weiter nach vorn zu kommen. Mütter starrten mit leerem Blick vor sich hin und magere Kleinkinder wimmerten und zerrten an schmutzigen Röcken. Das muss die Hölle sein, dachte Eily, auf einmal zutiefst entsetzt.

Plötzlich tauchten weit vorn in der Tür eines baufälligen Schuppens drei Frauen mit Schürzen und Hauben auf. Sie schleppten einen großen, schweren

Kessel heran. Augenblicklich drängte die Menge vorwärts. Eily gelang es gerade noch, Peggy fest zu halten, der in der beginnenden Panik fast der Boden unter den Füßen weggerissen wurde. Fest klammerte sich Peggy mit den Armen um Eilys Hüften und drückte den Kopf an ihre Brust. Sie war voller Angst und am Ende ihrer Kraft.

Die Frauen hatten inzwischen mit dem Verteilen der Suppe begonnen. Für diejenigen, die kein eigenes Geschirr dabeihatten, gab es Blechbecher. Zweimal wurde der Kessel nachgefüllt, bevor die Kinder überhaupt von der Stelle kamen.

Nun hatte Eily eine bessere Sicht. Sie konnte im Innern des Schuppens Gestalten erkennen, die emsig Karotten, Rüben und Zwiebeln zerschnitten und in riesige Holzbottiche warfen. Schaufeln voll Gerste wurden dazugeschüttet und eimerweise Wasser. Dann kam ein Mann mit einem Kübel und leerte grob zerhackte Fleischstücke und Innereien in den Suppenkessel.

Der Nachmittag ging vorüber und die Kinder hatten den Anfang der Warteschlange noch immer nicht erreicht. Sie mussten tatsächlich befürchten, dass die Suppe ausgehen würde, bevor sie an die Reihe kamen. Endlich hatten sie es doch geschafft. Eine erschöpfte Frau bat einen der Essensausteiler um zwei zusätzliche Becher Suppe für ihre beiden Kinder, die eine halbe Meile weiter hinten an der Straße warteten. Sie waren zu schwach zum Weiterlaufen. Zwar wurde die Bitte der Frau abgelehnt, doch nachdem sie einen tiefen Schluck von der heißen Suppe getrunken hatte, füllte der Essensausteiler ihren Becher schnell noch einmal voll. Vorsichtig bahnte sich die Frau mit der kostbaren Flüssigkeit ihren Weg durch die Menge.

Eily, Michael, Peggy und Joseph nahmen ebenfalls sofort, nachdem sie an die Reihe kamen, einen großen Schluck, aber sie bekamen keine Kelle zusätzlich. Dann suchten sie sich ein freies Plätzchen zum Hinsetzen, um sich ihrer Mahlzeit gebührend widmen zu können. Die Suppe sah unappetitlich aus, Fettklumpen schwammen darin herum, aber sie würde ihnen Kraft zum Weiterlaufen geben.

Die Nacht verbrachten sie in Kineen, weil gerüchteweise verbreitet worden war, die Suppenküche würde am Mittag des nächsten Tages wieder geöffnet. Nachts wurden sie von einem alten Mann wach gerüttelt. Er redete auf sie ein, sie sollten sich auf die Socken machen, denn morgen würden die Heiden versuchen sie zu bekehren und falls die Kinder noch einen Becher Suppe annehmen würden, könnten sie sich gleich als Soldaten anwerben lassen. Die Kinder wussten nicht, was sie davon halten sollten. Schließlich beachteten sie den Mann einfach nicht mehr. Am nächsten Morgen stellten sie sich mitten unter die hungernden Menschen. Nach und nach fielen ihnen ein freundlich aussehender Herr und zwei Damen auf, die sich durch den zerlumpten Haufen schoben. Die jüngere Frau tauchte von Zeit zu Zeit aus der Menge auf, einen kleinen Jungen oder ein Mädchen im Schlepptau oder ein Kleinkind auf dem Arm. Sie strebte auf ein stattliches Gebäude am Ortsrand zu, klopfte an eine grüne Tür, verschwand im

Innern des Hauses und kam nach ein paar Minuten allein wieder zurück.

Eily überlegte. Brachten sie die Kinder in eine Art Waisen- oder Armenhaus? Sie rückten näher und näher. Die ältere Dame hatte mit Peggy zu plaudern begonnen. Sie wollte von ihr wissen, ob sie alleine hier sei. Peggy drehte sich um und deutete auf Eily und Michael, da kam die nächste Frage: »Aber wo sind euere Eltern?«

Eily griff nach Peggy und zog sie zu sich heran. Verwirrt starrte Peggy die Dame an und zermarterte sich das Hirn, was sie jetzt antworten sollte. Eilys Augen huschten fieberhaft über die Menge. Weit weg sah sie eine rothaarige Frau vor einem Eingang sitzen, ihr Mann stand neben ihr. »Dort sind sie, Miss!«, antwortete Eily rasch und zeigte auf das Paar. Die alte Dame wirkte nicht sehr überzeugt.

Da winkte Eily kurz entschlossen der rothaarigen Frau zu. Ihre Blicke trafen sich, die Frau nickte Eily zu und zerbrach sich dabei wahrscheinlich den Kopf, wer dieses Mädchen mit den langen, blonden Haaren war. Die alte Dame schien ihr zu glauben und ging weiter.

Die Kinder zogen sich sofort, nachdem sie ihren Eintopf in Empfang genommen hatten, zum Ortsrand von Kineen zurück. Die drei O'Driscolls wollten sich wieder auf den Weg machen, aber Joseph, der seine neu gewonnenen Freunde ungern verlor, bat sie inständig noch zu bleiben. Da erklärten sie ihm die Sache mit den Tanten, und dass sie hofften, Vater und Mutter würden dort auftauchen. Joseph wollte noch ein paar Tage in Kineen bleiben und sich dann zu einer der Hafenstädte durchschlagen, wo er sich um eine Schiffspassage nach Liverpool bemühen wollte.

Schweren Herzens nahmen sie Abschied voneinander. Michael hatte einen Kloß in der Kehle und er schluckte schwer, als er noch einmal und noch einmal Lebewohl sagte.

Am See

Die Kinder setzten ihren Weg fort. Peggy hatte zwei große Blasen am Fuß. Alle paar Stunden schmierte Eily etwas von Mary Kates Salbe darauf. An den Fußsohlen der Kinder sah die Haut größtenteils wie geschwärztes Leder aus. Eilys Hände waren hart und schwielig geworden, die Haut eingekerbt vom Gewicht all der Sachen, die ständig zu schleppen waren. Sie litt unter leichtem Durchfall und Brechreiz – als Grund hatte sie den etwas ranzigen Eintopf von Kineen im Verdacht. Hin und wieder kaute sie die Kräuter von Mary Kate und hoffte, sie würden Übelkeit und Magenkrämpfe lindern.

Gerade hatten sie zu einer Rast angehalten, da fiel ihnen ein ganz bestimmter Geruch auf – mehr ein Gestank. Übler als die faulenden Kartoffeln damals.

»Was kann das sein, Eily?«, sagte Michael. »Meinst du, dass alles um uns herum verfault und stirbt?«

Peggy und Eily steuerten ein Gebüsch an, um sich zu erleichtern. Plötzlich verdichtete sich der Gestank und wurde noch widerwärtiger. Da sah Eily, woher er kam. Sie wandte sich ab und hoffte inständig, Peggy wäre von dem Anblick verschont geblieben. Aber das Gesicht der Kleinen war bereits bleich vor Schreck.

Es war ein Mann – besser gesagt, die Reste von einem Mann. Die Haut war am Verwesen und spiegelte alle möglichen Farben. Der Körper war mager, so mager, dass die Knochen aus der Haut spießten. Eily spürte den Schweiß in ihren Augenbrauen wie Nadelstiche, ihr Magen drehte sich um. Peggy rollte mit den Augen und zerrte an ihrem Kleid herum. Fast gleichzeitig mussten sich beide übergeben. Kaum war der Magen leer und der Brechreiz vorüber, rannten sie, so schnell sie konnten, zu Michael zurück.

Ein Blick in ihre Gesichter und er wusste, dass etwas Schreckliches geschehen sein musste. »Was ist?«, fragte er eindringlich. »Was ist los?«

Unter Weinen und Schluchzen brachten sie es schließlich hervor.

»Die arme Seele«, weinte Eily. »So allein hat er sterben müssen. Verhungern. Ohne Familie. Ohne Freunde.«

»Wir müssen für ihn beten«, sagte Michael leise. Er brach zwei Zweige ab, machte daraus ein Kreuz und band es mit langen Grashalmen zusammen.

Sie gingen zu dem Gebüsch zurück.

»Ich will nicht noch mal brechen«, jammerte Peggy und hielt sich hinter den anderen. Ein paar Meter vor dem Leichnam blieben sie stehen. Michael steckte das einfache Kreuz in die Erde.

»Was sollen wir beten?«, fragte er.

»Ein Vaterunser«, erwiderte Eily. Und sie bat Gott, nachdem sie das Gebet gesprochen hatten, er möge diesen armen, einsamen Mann nicht vergessen.

So schnell sie konnten, suchten sie ihre Sachen zusammen – nur weg von diesem grauenvollen Ort! Sie blieben nicht eher stehen, als bis sie einen hoch aufragenden, grünen Wald erkannten, der sich anscheinend meilenweit dahinzog. Der Wald zu Hause bei Duneen fiel ihnen ein und da wurde ihnen auf einmal klar, dass, seit sie ihre Heimat verlassen hatten, fast zwei Wochen vergangen waren. Sie kehrten der Straße den Rücken und tauchten in den Wald ein, der ihnen fast vertraut schien. Die mächtigen Bäume reckten sich hoch in den Himmel, alle Geräusche waren gedämpft. Die Kinder liefen wie auf einem weichen Teppich aus Nadeln und Moos. Nur schwach schimmerte das Sonnenlicht durch die Bäume. Hier, in dieser Stille und diesem Frieden – nur das komische Gurr-ruu der Ringeltaube ließ sich vernehmen – schien die Welt eine bessere zu sein.

Sie behielten die ferne Straße im Auge und wanderten in derselben Richtung weiter. In der Geborgenheit des Waldes ließ ihre Anspannung etwas nach. Ab und zu liefen ihnen kleine aufgeschreckte Tiere über den Weg. Weit weg war das gedämpfte Rauschen eines dahineilenden Bergbachs zu hören. Hier war die Zeit stehen geblieben. Die Kinder mussten an früher denken, an

Versteckspiele in den Wäldern zu Hause – jetzt hatten sie kaum Kraft zum Laufen.

Nach etwa zweistündigem Fußmarsch mussten sie wieder rasten. Peggy und Michael waren vollkommen erledigt. Peggy fing zu weinen an, schnappte zwischen tiefen Schluchzern stoßweise nach Luft. Sie konnte gar nicht wieder aufhören. Eily zog sie auf ihren Schoß. Wie leicht Peggy war, keine Spur von pummeligen Kinderarmen und -beinen. Ihre Haut schien nur eben über die Knochen gespannt und ihr Brustkorb wölbte sich weit vor. Eily lehnte ihren Kopf gegen den der kleinen Schwester, lautlos rannen ihr die Tränen über das Gesicht. Tiefe Hoffnungslosigkeit schlug über ihr zusammen. Wie sehnte sie sich nach Mutter und Vater! Wenn sie doch da wären, sich um sie kümmern und ihnen sagen würden, was sie tun sollten!

Michael sah die Mädchen an. Er ahnte Eilys Kummer und Sorgen.

»Wir werden sterben wie die anderen alle, nicht wahr?«, flüsterte er. Er hatte Angst. So viele Pläne hatte er immer gehabt für später, wenn er erst älter sein würde. Er kauerte sich neben Eily. Sie fielen einander um den Hals, weinten und erzählten sich ihre geheimen Hoffnungen.

»In einer Schlagballmannschaft wollte ich immer mitspielen, wie die Großen«, sagte Michael. »Und eines Tages wollte ich reiten lernen und vielleicht mal selber ein Stück Land besitzen.«

»Und ich habe mir immer ein feines Wollkleid gewünscht mit einem Spitzenkragen und Kämme für mein Haar und später vielleicht, wenn ich älter wäre, würde ich mich verlieben und heiraten wie Mutter und selber Kinder haben«, schluchzte Eily.

Sie sahen Peggy an. Sie hatte sich ein wenig beruhigt. »Ich wünsche mir eine Puppe ganz für mich allein«, sagte Peggy mit zittrigem Stimmchen. »Und vielleicht, dass ich in die Schule gehen darf und am meisten wünsche ich mir, dass ich so werde wie Eily.«

Eily drückte sie fest an sich, überwältigt von der Liebe zu ihrem Bruder und ihrer Schwester. Ihr war zumute, als müsse ihr Herz vor Traurigkeit zerbrechen. Auf einmal lachte Peggy. »Sieh mal Michael an! Er hat lauter Kleckse im Gesicht und seine Augen sind ganz rot!«

Michael besah sich die beiden Mädchen. Ihre Haare waren zerzaust und beide hatten Rotznasen und entzündete Augen. Er verschluckte sich fast und lachte. Unwillkürlich musste auch Eily lächeln und im Nu prusteten sie alle drei los und schnäuzten sich die Nasen.

»Was sind wir nur für Jammerlappen!«, versuchte Eily zu scherzen. »Wir leben ja noch. Wir sind müde und hungrig und allein – aber wir haben doch einander! Wir können noch laufen und uns was zu essen beschaffen. Wir werden Nano und Lena finden, und wenn wir einen Monat dazu brauchen!«

Das Weinen hatte ihren inneren Druck etwas gelöst und irgendwie fühlten sie sich erfrischt und in ihrem Vorhaben bestärkt.

Der Waldweg stieg nun leicht an. Sie wollten ihm folgen, bis es dunkel würde, und dann am Weg übernachten. Am nächsten Morgen, das war ihnen klar, mussten sie wieder zur Straße hinuntergehen.

Die Straße kam ihnen nicht mehr so bevölkert vor wie vor ein paar Tagen. Zwei Leichenzüge kamen ihnen entgegen und neben Eily gingen zwei Frauen mittleren Alters. Die eine trug in ihr Tuch eingewickelt ein schwächliches Baby. Sie hielten es für ihre Pflicht, Eily die neuesten Gerüchte aus der Gegend mitzuteilen.

»Sag, meine Liebe, hast du schon das von dem kleinen Dorf Dunbarra gehört? Der arme, alte Pfarrer machte in vier Hütten einen Besuch – da fand er sämtliche Bewohner tot! Am Hungerfieber gestorben. Und in den Hütten tummelten sich riesige Ratten! Man musste eine Meile vom Ort entfernt eine große Totengrube schaufeln und da wurden alle Leichen hineingeworfen.« So erzählten und erzählten die Frauen weiter, eine Geschichte grausiger als die andere. Eily wurde ganz schwach, sie musste sich setzen. Michael und Peggy kamen und wollten wissen, was los sei. Die Frauen, in panischer Angst vor dem Fieber, beschleunigten ihren Schritt und waren bald verschwunden. Eily aber erklärte ihren Geschwistern nicht, was sie so aus der Fassung gebracht hatte.

In der Ferne sahen die Kinder eine Gruppe Leute auf einem Feld arbeiten. Vor ihnen auf der Straße hatten zwei Männer die Steinmauer überklettert und steuerten nun auf dieses Feld zu. Die Kinder beschlossen ihnen zu folgen. Beim Näherkommen erkannten sie deutlich, dass eine zerlumpte Schar Menschen auf der Erde kniete und kleine Rüben ausgrub. Sie rannten hin. Ein alter Mann versicherte ihnen, dass der Bauer, ein alter Junggeselle, an diesem Morgen am Fieber gestorben sei und dass es durchaus kein Unrecht sei, wenn die Armen alles daransetzten, sich am Leben zu erhalten. Die drei Kinder liefen in verschiedenen Richtungen auseinander. Sie wühlten mit den Händen im feuchten Lehm, buddelten kleine, blasse Rüben aus und stopften sie in ihre Taschen. Eily sammelte sie ein und verstaute sie im Essensbeutel. Manche der bedauernswerten Menschen verschlangen die Rüben, sobald sie sie in Fingern hatten und klopften kaum die Erde ein wenig ab. Eily wandte die Augen ab. Es dauerte keine halbe Stunde, da war das Feld wie nach der Erntezeit sauber abgelesen. Danach löste sich die Gruppe auf und jeder ging seiner Wege.

Wenigstens war der Essensbeutel nun gut gefüllt, wenn auch nur mit Rüben, die man gewöhnlich den Tieren gab. Die Kinder zogen weiter. Immer wieder stiegen sie über Steinmauern. Die Felder waren von Klee und wilden Blumen überwuchert und in der stillen Luft hing das Gesumm der Honigbienen. Die Sonne brannte vom Himmel und ließ die feuchte Erde trocken werden. Nach etwa zwei Meilen Weg entdeckten die Kinder plötzlich das Glitzern von Wasser in der Sonne. Es war ein See. Er zog sich hin, so weit das Auge reichte. Hohes, schwankendes Schilf stand am Ufer und ab und zu gab es freie Stellen mit Sand und Kies, über die das klare Wasser schwappte. Die Kinder konnten es kaum erwarten – sie ließen alles, was sie trugen, zu Boden fallen und rannten in das Wasser hinein. Es war eine Wonne! Das kühle Nass schlug über ihnen zusammen. Sie bespritzten sich gegenseitig, tauchten mit den Köpfen unter Wasser, füllten ihre Münder, schnaubten und prusteten. Schließlich kamen sie heraus, streckten sich ins Gras und ließen sich von der Sonne braten – bis sie nach einer Viertelstunde wieder ins Wasser stürmten und sich noch einmal abkühlten. Vögel tauchten in der Mitte des Sees, sie stießen die Köpfe ins Wasser, reckten sie wieder heraus und schaukelten sanft auf der ruhigen Oberfläche des Sees.

Michael beobachtete die Vögel beim Fischefangen. Wenn er nur etwas zum Angeln hätte! Aber er hatte weder Schnur noch Netz. Er richtete sein Augenmerk auf die seichten Stellen und von Zeit zu Zeit konnte er dort einen Fisch ausmachen, der in der Nähe des Schilfs zwischen den Wasserpflanzen hin- und herschnellte oder sich bei den Lilienblättern sonnte. Aber wie könnte er ihn fangen? Das war die Frage. Er erklärte Eily, was er gern tun würde. Sie hatte sofort eine Idee – sie sprang auf und leerte den schmutzigen Leinenbeutel aus, ihre Essenstasche. »Damit wird es gehen, Michael, los, versuch es!« Michael hatte Zweifel, doch dann sah er sich ein wenig um und entdeckte eine Weide. Mit dem Messer schnitt er eine dünne Gerte ab und entfernte die Blätter. Die Rute war leicht, aber kräftig. Er steckte sie durch ein kleines Loch oben im Beutel. Dann watete er ins Wasser und hielt den Beutel so in Schräglage, dass er sich öffnete und mit Wasser füllte.

Michael rührte sich nicht. Zwei, drei kleine, neugierige Fische flitzten vorbei. Endlich schwamm einer in die Tasche hinein, um das Innere zu erkunden. Blitzschnell riss Michael den Stecken mit dem Beutel hoch, aber den Fisch sah er nur noch davonschießen. Nun musste er warten, bis das Wasser wieder ruhig geworden war, bevor er die Prozedur noch einmal von vorn beginnen konnte. Ungefähr eine Stunde lang stand er bewegungslos, dann endlich hatte er Erfolg. Flink zog er den Beutel aus dem Wasser. Der Fisch schlug um sich, wollte wieder ins Wasser zurück, doch Michael schleuderte diesmal die ganze Tasche ans sichere Ufer. Der silbrige Fisch zuckte hin und her. Schließlich aber lag er still und gab den Kampf auf. Michael angelte weiter und nach einer halben Stunde waren zwei kleine Sprotten zu dem Fisch am Ufer hinzugekommen.

Nun hatten sie etwas zu essen, aber keiner wollte den Fisch roh.

»Wir brauchen ein Feuer«, sagte Peggy, fest überzeugt, dass die großen Geschwister schon wissen würden, was zu tun war. Michael und Eily sahen sich an, aber sie wussten keinen Rat.

»Pat hat mir mal erzählt, dass sein Vater ein Feuer ankriegt, wenn er Feuersteine aneinander reibt«, erinnerte sich Michael.

»Meinst du, das schaffst du?«, fragte Eily.

Michael suchte lange, bis er zwei ähnliche Steine gefunden hatte. Die Mädchen schichteten einen Haufen dürrer Zweige und Stöcke auf, während Michael die Steine gegeneinander rieb und schlug. Nach zehn Minuten taten ihm die Hände weh. Er gab Eily die Steine. Es war zum Verrücktwerden! Sie sahen Funken aus den

Steinen springen, aber es gelang ihnen einfach nicht, das trockene Holz damit zu entzünden. Eily war drauf und dran, vor Ärger die Steine auf die Erde zu schleudern, da spürte sie einen Funken auf ihrem Finger. Gleichzeitig merkte sie, dass er die Zweige erfasst hatte, die zu glimmen begannen. Sie blies ein wenig – vorsichtig –, um das Flämmchen zu unterstützen. Plötzlich, wie die Antwort auf ein Gebet, fing das Feuer zu brennen an.

»Hab ich doch gleich gewusst, dass ihr das könnt«, erklärte Peggy.

Michael nahm das Messer, schnitt den Fischen die Köpfe ab und schlitzte die Körper der Länge nach auf. Dann wusch er sie im See und nahm sie aus.

Nach einer halben Stunde brannte das Feuer schön gleichmäßig. Peggy fand einen großen, flachen Stein, den Michael an den Rand der Feuerstelle schob. Die Flammen züngelten daran hoch. Die Fische lagen auf dem heißen Stein und brieten. Eily hängte den Topf mit etwas Wasser und sechs kleinen, in Stückchen geschnittenen Rüben über das Feuer. Ein köstlicher Duft stieg auf. Die Kinder schickten ein stilles Gebet zum Himmel und hofften, dass niemand in der Nähe war und ihre Mahlzeit erschnupperte. Sie hatten das Gefühl noch nie so etwas Gutes gegessen zu haben. Die Fische hatten einen leicht angebratenen Geschmack, die Rüben waren süß und weich – ein Mahl für einen König. Dazu einen Becher eiskaltes Wasser. Satt und zufrieden schliefen sie ein. Es hätte ihnen gefallen können, ein paar Tage an diesem idyllischen Ort zu bleiben, aber Eily fand es besser, wieder aufzubrechen.

Die Hunde

Auch am nächsten Tag brannte die Sonne heiß vom Himmel. Die Erde war hart und trocken. Michael goss einen Becher Wasser auf die Glut, sodass das Feuer auch wirklich gelöscht war. Eily wickelte den restlichen Fisch in ein großes Blatt und räumte den Essensbeutel ein. Es war ein herrlicher Tag zum Wandern. Sie durchquerten ein Roggenfeld, zogen dabei so viele Ähren wie möglich von den Halmen und gingen schließlich wieder auf der sich dahinschlängelnden Landstraße weiter.

Nach einer Weile hörten sie in der Ferne Hundegebell. Es kam näher. Aus den Augenwinkeln warf Eily einen Blick auf die Hunde hinter sich. Es waren sechs, eine wilde Meute. Ein großer schwarzer Collie war der Anführer. Außerdem waren zwei weitere Collies dabei und drei Mischlinge. Ihr Fell war zottig und verfilzt, das Maul stand ihnen offen, sie hechelten. Ihre Körper waren knochig und mager und zwei Hunde hatten die Räude. Es waren vor allem die Augen der Hunde, die Eily Angst machten. Sie hatten einen starren Ausdruck – wie toll.

»Keine schnellen Bewegungen machen!«, zischte Eily. »Einfach langsam und gleichmäßig weitergehen. Nicht rennen!«

Die drei Kinder waren vor Schreck wie gelähmt. Die Hunde kamen noch näher und schließlich strichen ihnen zwei der Collies zwischen den Beinen durch und umkreisten sie. Wie angewurzelt blieben die Kinder stehen, sie wagten kaum zu atmen. Peggy hatte ihre Augen fest zugekniffen. Nase und Maul der Collies waren dicht an ihrem Oberschenkel. Peggy zitterte von Kopf bis Fuß. Die Collies hatten die Zähne gefletscht, aus ihren Kehlen drang tiefes Knurren. Zwei der Mischlingshunde entblößten ebenfalls die Zähne und knurrten mit. Das war zu viel für die kleine Peggy. Sie riss sich aus ihrer Starre und wollte davonrennen, aber mit einer blitzschnellen Bewegung hatte sich ein Collie mit den Vorderläufen an ihr hochgezogen. Sie stieß ihn weg, da schlug er seine Zähne in ihren Arm und zerrte ihn hin und her, als wolle er ihn aus dem Gelenk reißen. Peggy brüllte vor Schmerzen.

Wie hypnotisiert hatte Eily zugesehen. Sie brachte keinen Laut heraus. Die anderen Hunde, ermutigt jetzt, beteiligten sich an dem Überfall. Erst als Michael anfing Steine auf die Hunde zu schleudern, erwachte Eily aus ihrem Trancezustand. Sie schrie die Bestien an und schlug auf zwei der Hunde ein, dass sie vor Schmerz jaulten. Inzwischen suchte Michael im Straßengraben nach einer Waffe. Eily wollte den Collie, der sich in Peggys Arm verbissen hatte, im Nacken packen und wegziehen, aber er ließ einfach nicht los. Peggy war vor Anstrengung unter dem Gewicht des Hundes schon halb in die Knie gegangen. Bald würde der Hund sie auf den Boden zwingen. Ein kleiner Terrier biss in Eilys Fersen, dass sie bluteten.

Plötzlich – Eily traute ihren Augen nicht – kam Michael mit einem kurzen, stämmigen Ast angestürmt. Er schwang ihn gegen den Collie, der sich jedoch in einer solchen Raserei befand, dass er überhaupt nicht darauf achtete. Michael versetzte ihm einen harten Schlag auf den Kopf. Peggy hatte die Augen geschlossen, ihre Knie knickten vollends ein. Immer wieder drosch Michael auf den Hund ein. Endlich jaulte er auf vor Schmerz und lockerte seinen Biss. Da verpasste ihm Michael einen letzten Hieb und das Tier sank tot in den Staub.

Eily stürzte auf Peggy zu. Das Gesicht der kleinen Schwester war aschfahl. Sie war so erschüttert, dass sie nicht einmal weinen konnte.

»Mein Gott, es ist ja alles gut, Peggy-Mädchen, er ist tot – und die anderen sind weg. Alles ist gut, Peggy, die bösen Hunde sind fort.« Eily wusste nicht genau, ob sie sich selbst oder ob sie Peggy trösten sollte.

Michael stand gekrümmt am Straßenrand und übergab sich.

Eily brachte den Becher mit Wasser. Erst hielt sie ihn Peggy an die Lippen und drängte sie zum Trinken, um sie wieder etwas zu beleben. Dann goß sie Wasser über den Arm und wusch Blut und Speichel ab. Tiefe, punktförmige Bissspuren zogen sich über den Unterarm. Die Haut war an einigen Stellen zerfetzt und blutete heftig. Zum Glück hatte Eily die Stoffstreifen aufbewahrt, die sie für Michaels Wunde damals zurechtgerissen hatte. Sie hatte sie gewaschen, ausgekocht und getrocknet. Nun nahm sie etwas von Mary Kates Salbe, trug sie behutsam auf die verletzte Stelle auf und verband den Arm. Allmählich wurde Peggys Atem gleichmäßiger und ihr Gesicht bekam wieder etwas Farbe. Danach wusch Eily auch die Bissstellen an ihren eigenen Fersen und tupfte einen Klecks Salbe darauf.

Michael hatte sich auf die Steinmauer gesetzt, den Kopf in den Händen. Feucht klebte ihm das schwarze, lockige Haar in der Stirn. Eily ging zu ihm und umarmte ihn.

»Ich will nicht töten, Eily«, murmelte er.

»Weiß ich doch, Michael«, sagte Eily. »Aber du hast Peggy gerettet und für das arme, verrückte Wesen ist es besser so.«

»Wahrscheinlich«, sagte er widerwillig.

Peggy war verängstigt und vollkommen durcheinander. Aber nach einstündiger Rast war sie doch bereit weiterzugehen. Falls sie auf dieser Straße blieben, würden sie am nächsten Vormittag die Stadt Ballycarbery erreichen.

Am Hafen

Sieh mal, Michael, sieh doch mal!« Peggy stand auf einem Zaun und zeigte auf das Meer hinaus.

Durch Löcher in der Hecke konnten die Kinder ein Stück leuchtendes Blau mit weißen Flecken erkennen und in der Luft hing ein salziger Geruch. Die Sonne brannte vom tiefblauen Himmel. Seit Tagen hatte keine Wolke und kein Lüftchen die glühende Hitze etwas erträglicher gemacht.

Die Kinder waren erhitzt und schweißverklebt, als sie

in Ballycarbery ankamen. Oft hatte der Vater ihnen von diesem betriebsamen Seehafen mit seinen Fischerbooten erzählt. In den Straßen der Stadt wimmelte es von Menschen. Vielleicht war Markttag. Scharen schmutziger Bettler zogen durch die Straßen und gleichzeitig herrschte rege Geschäftigkeit. Zwei, drei überfüllte Kutschen fuhren vorüber. Vor einem Gemischtwarenladen drängten sich Menschen. Besonders großer Mangel schien hier nicht zu herrschen. Damen und junge Mädchen steuerten zielstrebig eine Tuchhandlung an, in deren Fenster Ballen mit Baumwollstoff, Bänder und farbenfroh aufgeputzte Hauben auf Hutständern ausgestellt waren. In einer breiten Gasse hinter den Läden wurden eine Herde Vieh und etwa zwanzig Schafe versteigert. Michael rannte durch die Gasse und drängte sich zwischen die Tiere – er konnte es gar nicht fassen.

Plötzlich entstand Lärm auf dem Hauptplatz. Langsam näherten sich fünf Fuhrwerke hintereinander. Die hölzernen Karren ächzten unter dem Gewicht ihrer Last. Sie waren mit Säcken voller Getreide beladen!

Wie aus dem Nichts tauchten plötzlich sechs Soldaten auf und bezogen Stellung zu beiden Seiten der dahinrumpelnden Kolonne.

Die Zahl der Bettler und Passanten schien auf einmal zuzunehmen. Sie scharten sich zu einer einzigen, großen Gruppe zusammen. Die Kinder gerieten mitten in den Pulk hinein. Es waren hungernde Menschen, erschöpfte und verzweifelte Menschen. Sie hatten alles verloren.

Die Karren bahnten sich ihren Weg durch die Straßen,

ängstlich wieherten die Pferde und die Fuhrmänner murmelten leise beruhigend auf sie ein. Sie bogen vom Platz ab in eine allmählich abwärts führende Straße. Stumm drängend folgte die Menge. Eines der Pferde rutschte, konnte sich aber gerade noch fangen. Peggy umklammerte Eilys Hand. Sie war überzeugt, dass gleich etwas Schlimmes passieren würde.

Sie keuchten alle drei, als sie das Ende der Straße erreicht hatten. Unmittelbar vor ihnen lag der Hafen. Zwei Schiffe lagen an der Kaimauer festgebunden und schaukelten sanft auf dem Wasser. Auf der anderen Seite befand sich ein lang gestreckter Lagerschuppen. Männer waren dabei, wuchtige Fässer und Tonnen heraus- und zu den Schiffen hinzurollen. Ein paar muskulöse Männer waren zu den Fuhrwerken getreten und hatten mit dem Abladen der Getreidesäcke begonnen. Ein Raunen ging durch die Menge, die sich inzwischen am Rand des Hafenbeckens aufgestellt hatte.

Ein alter Mann nahm seinen Mut zusammen. »Wohin wird das Getreide gebracht?«, fragte er.

»England«, lautete kurz angebunden die Antwort.

Der alte Mann, den Körper gekrümmt und nach vorn gebeugt, schüttelte traurig den Kopf. Die Leute begannen zu tuscheln. Währenddessen wurden weiter die Karren ausgeladen. Zwei von ihnen, leer jetzt, fuhren in anderer Richtung davon.

Ein hoch gewachsener, rothaariger Mann drängte sich nach vorn. Er hatte einen gewaltigen Körperbau, doch seine Muskeln waren schlaff geworden, er hatte nicht mehr viel Kraft.

»So hört doch mit dieser Torheit auf!«, schrie er. »Seid ihr denn blind? Seht ihr nicht die hungernden Menschen überall?«

Niemand antwortete. Die Männer arbeiteten weiter, die Soldaten stellten sich in Position. Ein weiterer Karren war jetzt geleert.

»Wir leiden Not! Der Hunger erdrückt uns!«, rief der Große wieder und er konnte die Tränen in seinen Augen nicht verbergen. Auf der Stelle fielen an die zwanzig Stimmen ein und schließlich riefen alle gemeinsam: »Der Hunger erdrückt uns!«

Der verantwortliche Soldat trat vor. »Verschwindet und macht hier keine Schwierigkeiten! Diese Waren sind verkauft und bezahlt.«

»Wir sind Iren«, fing der rothaarige Mann an. »Und unsere Lebensmittel werden einfach weggeschickt! Was wir auf irischer Erde angebaut haben, das soll den Engländern die Bäuche füllen! Und unsere sind leer! Unsere Leute leiden Hunger und sterben! Das lassen wir uns nicht gefallen!«

Er machte einen Schritt vor und wollte einen Getreidesack packen. Da versetzte ihm einer der Soldaten einen Hieb und schlug ihn zu Boden. Ein Laut der Bestürzung kam aus der Menge.

Plötzlich, Eily hatte es gar nicht so schnell gesehen, waren drei bis auf die Knochen abgemagerte junge Männer auf die Karren gesprungen und schlitzten die Säcke auf. Erst rieselte das Getreide langsam heraus, dann ergoss es sich auf die Pflastersteine. Die Soldaten versuchten die Pferde in den Lagerschuppen zu zerren und gleichzeitig die Menschenmenge zurückzuhalten. Blitzschnell griffen die Kinder zu, füllten sich die Taschen und den Beutel, dann rannten sie davon, rannten um ihr Leben und wollten gar nicht sehen, was weiter geschehen würde. In alle Richtungen stoben die Menschen auseinander.

»Was nun, Eily?«, fragte Michael. »Mir gefällt es hier nicht, es ist zu gefährlich. Komm, lass uns fortgehen!« Eily und Peggy waren einverstanden und so suchten die Kinder nach einem Weg aus der Stadt hinaus. Sie waren noch nicht weit, da stießen sie auf einen Bauern, der ein paar Schafe über die Straße trieb. Argwöhnisch musterte er die Kinder.

»Verzeihung, Herr«, bat Michael. »Kennen Sie Castletaggart? Stimmt unsere Richtung?«

Der Bauer blieb stehen und starrte sie an. Elend und verwahrlost sahen sie aus, aber es waren doch nur Kinder, und sie schienen im gleichen Alter wie seine eigenen Kinder zu Hause.

»Ja, ihr seid ganz richtig«, sagte er. »Geht auf dieser Küstenstraße weiter, ein paar Meilen noch – ihr seht immer das Meer –, dann um den Berg herum und querfeldein bis zur Hauptstraße und auf der kommt ihr dann hin. Es ist aber noch ein ganzes Stück. Fragt immer wieder.« Er wandte sich ab und wollte weitergehen, blieb aber noch einmal stehen und zog einen kleinen Laib Brot aus der Tasche und eine Ecke Käse. »Hier!«, rief er und warf Michael die Sachen zu.

Ungläubig standen die Kinder da. Vielleicht wendete sich ihr Schicksal nun. Sie besaßen ein wenig Getreide, noch ein paar Rüben, etwas Brot und Käse und nun wussten sie auch noch, dass sie sich dem Ende der Reise näherten!

Sie stiegen über eine Steinmauer. Eine saftig grüne Wiese zog sich schräg abfallend bis zum Meer hinunter. Sie waren nie vorher am Meer gewesen. Nun wollten sie es aus der Nähe sehen. Sie kämpften sich durch das hohe Gras.

Doch die Aussicht hatte getäuscht, der untere Rand der Wiese stellte sich als jäher Absturz einer zerklüfteten, steilen Klippe heraus – weit unten plätscherten die Wellen. Die Kinder atmeten tief die frische Seeluft ein, fast konnten sie das Salz riechen und schmecken. Nie hätten sie sich eine solche Weite vorgestellt! Wo das Meer aufhörte, fing der Himmel an. In der Ferne war ein verschwommener Fleck zu erkennen, ein Schiff wahrscheinlich.

Schnell war ein geeigneter Platz zum Sitzen und Ausruhen gefunden. Sie sahen den Seemöwen zu, wie sie durch die Luft glitten, Kreise zogen und hinter der Klippe verschwanden. Und sie beobachteten, wie die Kormorane ins Wasser stießen und mit einem Fisch wieder auftauchten. Die Luft war ruhig und warm.

Michael teilte das Brot und den Käse. Sie wussten gar nicht mehr, wie lange es her war, dass sie frisches Brot gegessen hatten. Eily musste an Mutters Backtage denken. Die ganze Hütte war vom Brotduft erfüllt gewesen. Ohne es richtig abkühlen zu lassen, hatten sie das Brot gierig verschlungen.

Plötzlich überkam Eily heftiges Heimweh. Sie tat, als

schaue sie aufs Meer hinaus – die beiden Kleinen sollten die Tränen in ihren Augen nicht sehen.

Dann breiteten sie ihre Decken aus und legten sich hin. Das ferne Plätschern der Wellen lullte sie ein und bald schliefen sie.

Als sie aufwachten, füllten sie ihre Lungen noch einmal tief mit Seeluft. Dann gingen sie über die Wiese zurück zur staubigen Landstraße.

Nachtwanderung

Das heiße, trockene Wetter hielt an. Unbarmherzig brannte die Sonne vom Himmel. Am Mittag fanden die Kinder einen Schattenplatz unter einem Baum und machten drei Stunden lang Pause. Die in der Sonne hart und rissig gewordene Landstraße verbrannte ihnen fast die Fußsohlen. Kleine Blaumeisen und Sperlinge krächzten auf der Suche nach Wasser. Flüsse und Bäche waren ausgetrocknet, die Wasserkanne der Kinder leer. In der Ferne konnten sie immer das Meer sehen, es war, als mache sich das blaue Gekräusel der Wellen über sie lustig – es war eine Gemeinheit. Aber sie hatten gehört, dass man von Salzwasser, wenn man es trank, den Verstand verlieren könne. Das verzweifelte Bedürfnis nach Feuchtigkeit brachte sie dazu, auf Grashalmen herumzukauen und unreife Beeren von den Brombeersträuchern zu reißen. Sie saugten auch an irgendwelchen Stängeln – alles nur, um den Durst ein wenig zu lindern. Ihre Lippen waren trocken, aufgesprungen und wund. Der Durst war schlimmer als der Hunger.

Sie kamen gerade um eine Straßenbiegung, da blieben sie verblüfft stehen und starrten die Landschaft vor sich an. So weit sie sehen konnten, war alles schwarz verbrannt. Hier und da stiegen noch schwache Rauchspiralen auf. Kein einziger Grashalm war zu sehen.

Die Kinder bekreuzigten sich. Der Brandgeruch betäubte ihnen die Sinne. Sie banden sich Lappen um Mund und Nase.

»Da muss jemand ein Feuer gemacht haben, ohne es richtig auszulöschen«, sagte Michael. »Bei dieser Trockenheit breitet sich das schnell in alle Richtungen aus.«

Nichts rührte sich in dieser Schwärze, kein Vogel, kein Insekt, keine Biene, kein einziges Tier. Es war totenstill. Weite Flächen, ehemals Weideland mit Ginster und Heidekraut bewachsen, lagen kahl vor ihnen.

»Sind wir in der Hölle?«, fragte Peggy. Ihr schmales, kleines Gesicht war abgespannt und verängstigt.

»Nein«, sagte Eily, »aber hier ist alles zerstört. Kommt weiter, wir wollen es so schnell wie möglich hinter uns bringen.«

Sie gingen weiter und allmählich wurde ihre Umgebung wieder farbiger, weite Flächen waren von vertrocknetem, hohem Gras überwuchert. Peggy hatte einen Marienkäfer gefunden. Vorsichtig balancierte sie ihn auf ihrer Handfläche und unterhielt sich mit ihm. Eily betrachtete sie und auf einmal wurde ihr klar, wie jung Peggy eigentlich war – kaum sieben Jahre, und was für ein tapferes kleines Mädchen.

Hier zu rasten war sinnlos. Sie mussten weiter und irgendwo Wasser finden. Endlich stießen sie auf einen Graben. Hohes Unkraut und wucherndes Dorngestrüpp zog sich darüber hin und bildete einen Schutz gegen die stechenden Sonnenstrahlen. Sie knieten sich auf den eingetrockneten Schlamm. Auf dem Grund des Grabens war die Erde noch dunkelbraun. Sie konnten ihre Kanne nicht füllen, weil der Graben zu flach war, also schöpften sie abwechselnd das dreckige Wasser mit den Händen heraus und schlürften es. Auch den Dreck schluckten sie mit. Ihren Durst löschte es nicht, aber vielleicht würde es ein wenig helfen. Ermattet setzten sie sich unter eine Gruppe hoher Buchen.

»Was sollen wir tun?«, überlegte Eily.

Peggy war schon eingeschlafen, sie hörte nichts mehr.

Auch Michaels Augen fielen zu, er murmelte nur noch: »Warum gehen wir eigentlich nicht in der Nacht und frühmorgens, wenn es kühler ist?«

Das klang so vernünftig – Eily hätte sich ohrfeigen können, dass ihr das nicht eher eingefallen war. Genau, das würden sie tun.

In der Dunkelheit sah die Landschaft ganz anders aus. Glücklicherweise war keine Wolke am Himmel und der Mond schien hell.

Sie waren schwach und erschöpft, aber sie hatten doch das Gefühl eine längere Strecke ohne Pause zurücklegen zu können. In den Büschen, an denen sie vorüberkamen, huschte und raschelte es ständig und Peggy, die Angst hatte, etwas Unbekanntes könnte plötzlich hervorspringen und sie überfallen, drängte sich dichter an Eily und Michael. Sie waren umgeben von vielen verschiedenen Schatten und Geräuschen. Sie zuckten jedes Mal zusammen, wenn sie den gellenden Jagdschrei einer Nachteule hörten und das unheimliche, fast lautlose Schlagen ihrer Schwingen, wenn sie herabschoss und sich auf ihre Beute stürzte. Es war die Zeit der Jäger. Sie waren maßlos erstaunt, wenn sie von den Kindern gestört wurden, und zogen sich in die Dunkelheit zurück. Einmal sahen sie einen großen, grauen Dachs, wie er schwerfällig dahinschlurfte. Sie hielten den Atem an, weil sie ihn nicht erschrecken wollten. Zwei Meilen weiter stießen sie auf eine Füchsin und ihre Jungen, die vor dem Bau herumflitzten und Fangen spielten. Schweigend wanderten die Kinder weiter.

In der folgenden Nacht war der Blick auf das Meer verschwunden. Sie waren nun dicht am Fuß des Berges. Wenigstens stimmte ihre Richtung und wenn sie gut vorankämen, würden sie in wenigen Tagen in Castletaggart sein. Hoffentlich fanden sie dort ihre Verwandten! Hoffentlich würden sie aufgenommen und hoffentlich kümmerte sich jemand um sie!

Am nächsten Tag war es drückend und schwül. Ständig hatten sie ein trockenes Kratzen in Mund und Kehle und konnten kaum richtig atmen. Nichts regte sich. Selbst die Vögel hatten aufgehört zu zwitschern und zu singen. Es war merkwürdig. Die einzige, ab und zu wahrnehmbare Bewegung rührte von einem Schmetterling her, der träge über einem Büschel wilder Blumen dahinschaukelte. In dieser Nacht, sie wollten sich gerade wieder auf den Weg machen, vernahmen sie aus der Ferne ein tiefes Grollen. Erschrocken blieben sie, wo sie waren, und wickelten sich fester in ihre Decken.

Das Gewitter

Das Grollen wurde lauter und kam näher und näher. Ein Lichtstrahl zuckte über den orange und grau gefärbten Himmel, dann donnerte und krachte der ganze Himmel. Noch nie hatten sie ein so heftiges Gewitter erlebt. Die Blitze wurden länger und verzweigten sich immer mehr, bis sie schließlich vom Gipfel des Berges bis auf die Felder hinunter reichten.

Die Kinder waren entsetzt. War das das Ende der Welt? Sie beteten laut.

Peggy wimmerte wie ein kleines Hündchen. Sie hatte sich zwischen ihre großen Geschwister gezwängt, den Kopf tief unter ihrem Tuch und den Decken vergraben. Eily gab sich alle Mühe, ihr Zittern und ihre eigene Furcht nicht merken zu lassen.

Die flackernden Blitze ließen den Himmel alle paar Minuten wie eine Feuerwand aufleuchten. Ohrenbetäubend krachte der Donner. Es war, als ob die gewaltigen Wolken zusammenstießen und gegeneinander kämpften. Nie zuvor in ihrem jungen Leben hatten die Kinder etwas Ähnliches gesehen und gehört. Manchmal setzte es ein paar Minuten aus, dann, mit einem plötzlichen Schlag, begann das Getöse von neuem.

Nach einer Weile entkrampfte sich Michael ein wenig und fing an phantastische Gewittergeschichten zu erfinden. Zwei mächtige Riesen, sagte er, würden in einem Land weit über den Wolken miteinander kämpfen und einander umzubringen versuchen.

»Da!«, schrie er, wenn der Donner rumpelte, und: »Dich treff ich mit meinem Schwert!«, wenn der Blitz zuckte.

Stundenlang zog sich der Kampf hin. Manchmal trug selbst Peggy etwas zu Michaels Geschichte bei, auch wenn sie es nicht wagte, den Kopf hervorzustrecken, um nach dem Stand des Gewitters zu sehen.

Dann, so plötzlich, wie es begonnen hatte, schienen Donner und Getöse nachzulassen und hörten allmählich ganz auf. Nur in der Ferne hörten die Kinder noch das Grollen.

Den ersten Regentropfen spürte Eily auf der Nase, gleich darauf einen zweiten und augenblicklich öffnete der Himmel seine Schleusen. In Strömen stürzte der Regen herunter und schlug auf die Kinder ein. Innerhalb weniger Sekunden waren sie vollkommen durchweicht. Der Regen traf sie mit solcher Wucht, dass sie ihn wie Stiche auf der Haut spürten. Als würden sie von einem Schwarm Insekten angegriffen. Sie kämpften um Atem. Mit weit geöffneten Mündern ließen sie das Regenwasser in sich hineinlaufen. Die spröde, rissige Erde unter ihren Füßen weichte auf und wurde allmählich matschig.

Alles Lebendige, wenn auch noch so übel zugerichtet, schien sich dem Regen entgegenzustrecken, um nur jeden Tropfen der verzweifelt herbeigesehnten Feuchtigkeit und Nässe aufsaugen zu können. Das Leben erwachte neu. Bäche, Flüsse und Ströme würden sich bald füllen und mit frischer Kraft durch das Land rauschen.

Michael warf die Decke zur Seite. Er tanzte vor Vergnügen im frühen Morgenlicht, bespritzte sich mit Schlamm und ließ sich vom Regen wieder abspülen. Die Becher hatten sich in kürzester Zeit mit Wasser gefüllt.

Nach ein paar Stunden hörte der Regen auf. Die Sonne stand wieder freundlich am Himmel, doch nicht mehr in der grellen Glut der letzten Tage. Nun konnten sie wieder tagsüber wandern.

Peggys Fieber

Eily verstand es nicht. In den letzten zwei Tagen war es ihnen doch gut gegangen, sie hatten zu trinken gehabt und jeder eine Portion Getreide zum Kauen. Eily hatte eine Stelle mit großen, prallen Erdbeeren gefunden, außerdem ein paar winzig kleine Haselnüsse. Doch Peggy war ständig schlecht gelaunt, weinerlich und trödelte hinterher. Mal fasste sie Michael, mal Eily an ihrem gesunden Arm und zog sie mit sich. Aber immer wieder wollte sich Peggy hinsetzen und ausruhen. Sie war hungrig und abgemagert und am Ende ihrer Kraft – aber das waren sie alle.

Ein-, zweimal konnte Eily ihre Ungeduld nicht bezwingen und gab Peggy einen Klaps auf den Hintern. Sie ahnte jetzt, wie es der Mutter zumute gewesen sein musste, wenn sich die Kinder unartig aufgeführt hatten. Aber es änderte sich nichts, nach wie vor brach Peggy in Tränen aus und ließ sich zu Boden fallen. Eily bemühte sich geduldig zu bleiben und Peggys Vorzüge nicht zu vergessen. Michael dagegen machte sich lustig über die kleine Schwester. Das war seine Art mit dem Ärger fertig zu werden.

Sie waren am Berg vorbei und als sie noch ein Stück querfeldein gelaufen waren, standen sie plötzlich auf der Straße nach Castletaggart – fast am Ende ihrer Reise. Eily überließ sich einem Traum: Sie waren gemeinsam mit Vater und Mutter in ihre alte Hütte zurückgekehrt. Alle Nachbarn waren da und begrüßten sie, und …

»Eily! Eily! Schnell – sieh mal Peggy!«, schrie Michael.

Jäh tauchte sie aus ihrem Traum auf und rannte zurück.

»Was ist denn jetzt wieder mit diesem Kind?«, murmelte sie gereizt. »Wahrscheinlich will sie schon wieder Pause machen …« Sie schwieg abrupt. Vor ihnen lag Peggy auf der Erde. Ihre Augen waren geschlossen, sie atmete hastig. Sie beugten sich über sie.

»Peggy! Peggy!«

Peggy rührte sich nicht.

»Mein Gott, was ist das nur?«, rief Eily. Sie kniete sich hin und fühlte Peggys Stirn. Sie war brennend heiß. An Schultern, Beinen und überall fühlte sich ihre Haut heiß an. Peggy glühte vor Fieber.

Michael rannte voraus und suchte nach einer etwas geschützteren Stelle. Mitten auf einer Wiese mit hohem, scharfkantigem Gras stand ein großer Weißdornbaum. Etwa zwei Meter davon entfernt, zum Rand der Wiese hin, wuchsen ein paar dichte Sträucher. Der Platz dazwischen lag gut versteckt und geschützt. Michael lief zurück.

Sie bekamen Peggy nicht wach. Eily breitete eine Decke auf den Boden und gemeinsam mit Michael rollte sie die kleine Schwester vorsichtig darauf. Dann nahmen sie die Decke zwischen sich und schleppten und zerrten sie unter den Baum.

Peggy schien nicht mitzubekommen, was um sie herum geschah. Eily machte es ihr bequem und deckte sie mit einer anderen Decke zu. Ein heftiges Schuldgefühl überkam sie. Sie hätte doch erkennen müssen, dass Peggy eine Krankheit ausbrütete! Schließlich war sie die Älteste und die Klügste – die kleine Mutter.

»Glaubst du, dass sie das Fieber hat, Eily?«, fragte Michael. »Oder kommt es vielleicht noch von dem Hundebiss her?«

Eily zog die Schultern hoch. »Ich weiß nicht, Michael. Aber was es auch sein mag, sie ist sehr krank. Sie glüht vor Fieber. Es muss sich in den letzten Tagen zusammengebraut haben.«

Mary Kates Medizin fiel ihr ein. Sie kramte das Glas heraus und mischte etwas Pulver mit Wasser. Dann hob sie Peggys Kopf ein wenig an und schaffte es schließlich, ihr etwas einzuflößen. Peggy spuckte und prustete, als ihr die Flüssigkeit durch die Kehle rann. Dann schien sie in einen langen, tiefen Schlaf zu fallen.

»Sollen wir ein Feuer anmachen?«, fragte Michael, der irgendetwas tun wollte, um ihre Situation zu erleichtern. Er hielt angestrengt Ausschau nach Feuersteinen, sammelte Moos und jedes trockene Zweiglein, das er auftreiben konnte. Besser, irgendetwas tun, als Zeit zu haben für Grübeleien und Sorgen.

Eily sah ihm zu. Eine Stunde probierte er Funken zu schlagen, aber nichts passierte. Auch Eily machte ein paar Versuche.

»Lass nur, Michael, wir können es ja später noch einmal versuchen.« Eily feuchtete ein Tuch an und legte es Peggy auf die glühenden Wangen und auf die Stirn. Schweißnass klebten ihr die dunkelbraunen Haare am Kopf. Sie drehte und warf sich unruhig hin und her. Ein paarmal rief sie mit gepresster Stimme nach der Mutter.

»Still, meine Kleine, still!« Mehr fiel Eily nicht ein.

Den ganzen Tag und die folgende Nacht saß Eily neben Peggy, strich ihr über das Haar und hielt ihre Hand, flößte ihr das Fiebermittel ein und versuchte immer wieder sie abzukühlen. Michael lief herum und sammelte Brennnesseln, Wurzeln und Kräuter für eine dünne, kalte Wassersuppe.

In der Nacht schlief Michael ein, doch Eily zwang sich zum Wachen. Peggy warf sich hin und her und manchmal schrie sie vor Schmerz auf. In einem Alptraum erlebte sie noch einmal den Überfall der Hunde. Immer wieder rief sie: »Ein Hund! Ein Hund!« Dabei starrte sie mit aufgerissenen Augen vor sich hin. Schließlich sank sie wieder in dumpfen Schlaf.

Eily wurde klar, dass Peggy keine Ahnung hatte, wo und bei wem sie sich befand. Auch konnte sich Eily nicht gegen die Befürchtung wehren, dass sie nun alle das Fieber bekommen könnten. Und falls sie selber krank wurde – wer würde sie pflegen? Bald hatte sie das Gefühl, der Kopf müsse ihr vor Kummer zerbersten. Immer wieder befühlte sie prüfend Peggys Körper. Er brannte wie Feuer, es gab nicht das geringste Anzeichen von nachlassender Temperatur. Aber immerhin zeigte sich keine Gelbfärbung, und das war ein gutes Zeichen. Peggys Haut schimmerte rosa vor Fieber und ihre Wangen sahen wie zwei blühende Rosen aus.

Während Eily vor sich hin dämmerte, dachte sie an die Mutter und Bridget und wie sich das Baby in Mutters Arme geschmiegt hatte. War Mutter im Himmel bei ihrem jüngsten Kind? Eily öffnete ihr Herz und betete: »Lass Peggy nicht sterben – nimm meine kleine Schwester nicht fort – beschütze sie –, bitte mach, dass sie wieder gesund wird.«

Eily schlief ein und erst, als feucht der frühe Morgen heraufzog, wachte sie auf. Arme und Rücken waren steif und wund. Peggy schlief immer noch tief, ihr Atem ging laut und viel zu schnell.

Eily ging ein paar Meter zur Seite und erleichterte sich. Dann griff sie nach dem Wasserbecher und trank gierig. Den Rest spritzte sie sich über Gesicht und Rücken, um vollends munter zu werden. Sie konnte ja Michael wieder nach Wasser schicken, sobald er wach war. Wenn sie nur Feuer hätten! Sie nahm die Steine und schlug sie wütend aneinander. Da erfasste ein Funke das trockene Moos und es fing tatsächlich zu schwelen an! Kaum wagte sie sich zu bewegen, als sie nach ein paar kleinen Zweigen angelte, um das Flämmchen zu nähren. Die Zweige waren ein bisschen feucht und kalt nach der Nacht und sie zischten – aber sie gingen an. Wenigstens hatten sie nun den Luxus eines Feuers!

Michael und Eily kamen sich nutzlos vor. Es gab wenig für sie zu tun, außer bei Peggy zu sitzen. Michael durchstreifte die Gegend auf der Suche nach etwas zu essen, aber ohne Erfolg. Blumenköpfe, Gras, Blätter – sie verkochten alles mit ein paar Körnern zu einer Suppe, aber sie half nicht gegen den immer heftiger rumpelnden Hunger in ihren Bäuchen. Ständig hielt Michael die Augen offen nach einem Kaninchen oder Hasen, aber er entdeckte nicht mal eine Spur. Es war aussichtslos. Bald würden sie zu schwach zum Laufen sein. Sie mussten etwas unternehmen.

Im Lauf des Vormittags verschwand Michael mit einem grimmigen Ausdruck im Gesicht. Er kam mit irgendeinem gehäuteten, ausgenommenen Tier zurück, aber es gab wenig her. Gekocht mit Brennnesselblättern schmeckte es abscheulich. Eily kämpfte gegen die Übelkeit, aber sie zwang sich das Essen zu schlucken und im Magen zu behalten.

An diesem Abend, sie hatte Peggys Kopf auf ihren

Schoß gebettet, drängte sich ihr die Frage auf, was geschehen wäre, wenn sie mit Tom Daly und den anderen ins Armenhaus gegangen wären. Peggy wäre nicht krank geworden und sie hätten vielleicht jeden Tag ein bisschen Eintopf und ein Stück Brot bekommen. Hatte sie eine Entscheidung getroffen, die sie alle das Leben kosten würde? Sie war niedergeschlagen und entmutigt. Vielleicht konnten sie immer noch in ein Armenhaus gehen. Bestimmt gab es eines in der Gegend. Dort würde man ihnen helfen. Der Gedanke setzte sich in Eilys Kopf fest. Sie selbst konnte nicht weg von Peggy, aber Michael – er könnte doch gehen. Und vielleicht kam jemand her, der ihnen mit Peggy helfen würde.

Michaels vergebliche Suche

Michael machte sich auf den Weg durch die Felder. Er hatte genug Brennmaterial herangeschafft, damit Eily das Feuer in Gang halten konnte. Zum ersten Mal war er ganz allein unterwegs und er hatte Angst. Aber er sah ein, dass Eily bei Peggy bleiben musste. Eily hatte ihn umarmt, als er losgezogen war. Als er ein Stück gegangen war, hatte er sich umgedreht und seinen Schwestern einen letzten Blick zugeworfen. Ob er sie je wieder sehen würde? Ungefähr wusste er die Richtung, die er einschlagen musste. Er hoffte jemanden zu treffen, der den Weg zum Armenhaus kannte.

Länger als anderthalb Stunden lief er, ohne dass er einen einzigen Menschen zu Gesicht bekam. Endlich, am Ende eines kleinen Weges, erkannte er Rauch, der sich über einer verkommenen Hütte kräuselte. Er ging hin und klopfte an die Tür. Keine Antwort. Sein Trick von damals fiel ihm ein, als sie allein zu Hause geblieben waren. Und er dachte daran, wie sie sich gefürchtet hatten.

»Keine Angst, ich will nicht rein. Ich will nur eine Auskunft. Ist Castletaggart hier in der Nähe?«

Keine Antwort. Michael fragte noch einmal.

Eine tiefe, heisere Stimme ließ sich hören: »Gut zwei, drei Tage Fußmarsch noch, wenn man müde Beine und Füße hat.«

»Und gibt es hier in der Gegend ein Armenhaus?«, fragte Michael weiter.

Der alte Mann drinnen überlegte, bevor er sprach. »Ich habe gehört, dass man aus der O'Leary-Mühle ein Armenhaus gemacht hat. Das ist von hier aus ungefähr einen halben Tag. Halte dich auf der Hauptstraße. Bei der Brücke dann rechts, du siehst es schon. Du kannst es nicht verfehlen.« Und dann, wie ein Nachtrag: »Aber ich will auf jeden Fall lieber in meinem eigenen Bett sterben, nicht zusammen mit Fremden.«

»Danke«, sagte Michael und machte sich wieder auf den Weg.

»Gott möge dich behüten, mein Junge, und dich vor allem Leid bewahren!«

Michael fühlte Mitleid mit dem alten Mann, der offenbar ganz allein auf der Welt war und niemanden hatte, der sich um ihn kümmerte.

Er ging weiter. Ein paarmal wurde ihm schwindlig, er musste sich einen Augenblick setzen. Er hörte den Fluss rauschen, konnte ihn aber noch nicht sehen. Endlich erkannte er weit vor sich die Straßenkreuzung und die sich buckelartig erhebende Brücke. Zwei Frauen lagen vor der Brücke auf der Erde. Sie waren so kraftlos, dass sie Michael gar nicht bemerkten.

Michael hielt es nicht für möglich, was er bei der alten Mühle sehen musste. Scharen von Menschen warteten dort. Viele schliefen einfach auf den Pflastersteinen. Sie konnten nicht mehr weiter. Manche saßen in Gruppen zusammen wie Familien. In Lumpen und Decken gehüllt lagen sie da und waren froh nicht ganz allein zu sein. Pausenlos drang Stöhnen und Wimmern aus dem Gebäude. Der Geruch nach Krankheit und Leid schien die Luft schwer zu machen. Manche Leute beteten laut.

Eine Nonne in Ordenskleidung kam aus der kleinen Holztür. Laut rief sie: »Hier ist alles voll. Wir haben keinen Platz mehr. Für Männer nicht und für Frauen und Kinder auch nicht. Zu essen ist auch nichts mehr da. Vielleicht können wir morgen, wenn wir die Toten weggebracht haben, wieder ein paar Leute aufnehmen.«

Ein Murmeln ging durch die Menge, Frauen klagten und weinten. Sie wussten nicht, wohin, und zum Sterben war das Armenhaus ebenso gut wie jeder andere Ort. Wenigstens würden sie hier noch den Segen bekommen.

Michael rannte davon – er hatte keine Ahnung, woher er die Kraft nahm –, er rannte an der Brücke vorbei und dann den Weg zurück, den er gekommen war. Tränen stürzten ihm über das Gesicht. Er spürte einen tiefen Schmerz in der Brust, als würde ihm das Herz zerbrechen, und er ahnte, dass seine Kindheit endgültig vorüber war. Er lief langsamer. Der Weg, der vor ihm lag, war lang und erbärmlich. Es gab keinen Gott. Und wenn, dann war er ein Ungeheuer.

Ununterbrochen beobachtete Eily ihre kleine Schwester. Peggy schlug um sich, stöhnte und rief wieder und wieder nach ihrer Mutter. Eily gab ihr eine größere Menge von der Medizin, doch musste sie feststellen, dass das Glas beinahe leer war. Sie war nun selber am Ende. Nichts, was sie sagen oder tun konnte, würde Peggy jetzt helfen. Sie legte die Arme um das kleine Mädchen, küsste ihre Knopfnase und die Sommersprossen auf ihren Wangen. Peggys Haut fühlte sich kühler an. Es dauerte keine halbe Stunde, da fröstelte Peggy plötzlich. Trotz der zusätzlichen Decke liefen ihr Schauer über den Körper. Ihre Zähne schlugen aufeinander.

Eily kroch zu ihr unter die Decke und wärmte sie. Es war ein sonniger, heller Tag, ein mildes Lüftchen wehte. Sie nahm die kleine Schwester fest in die Arme. Nicht viel schwerer als ein Baby war sie! Eily rieb ihr Arme und Beine und mühte sich ab dem Schüttelfrost beizukommen.

»Ich bin ja da, Peggy, ich bin ja bei dir«, flüsterte sie

immer wieder, aber sie wusste nicht, ob die Kleine sie überhaupt wahrnahm.

Endlich hörten Frösteln und Zähneklappern auf. Peggys Körper wirkte entspannter, ihr Atem ging ruhiger.

Geborgen in Eilys Armen schlief sie ein, den Kopf an ihrer Brust.

Eily schaute über sich in den Weißdornbaum. Seine schweren Äste bewegten sich leicht in der Brise, dazwischen schimmerte der blaue Himmel. Eily war es, als sähe sie, versteckt zwischen den Blättern, eine Amsel sitzen. Die Lider wurden ihr schwer und bevor sie noch darüber nachdenken konnte, war sie eingeschlafen.

Michael beeilte sich nicht. Dazu war kein Grund, jetzt, wo er keine gute Nachricht mitzubringen hatte. Er stieg über eine niedrige, abbröckelnde Steinmauer. Ein Geruch nach wildem Knoblauch kam ihm in die Nase, da buddelte er so lange mit den Händen in der Erde, bis er ihn fand. Er steckte sich ein paar Knollen in die Tasche. Noch eine Mauer und noch ein Feld, dann würde er wieder bei den Mädchen sein.

Nach und nach drang ein Muhen in Michaels Bewusstsein. Eine Kuh war beim Versuch, über einen Graben zu kommen, mit zwei Beinen in einem Dornengestrüpp hängen geblieben. Tief hatten sich die Dornen in das braunweiße Fell verhakt. Michael konnte kein Tier leiden sehen und seine erste Regung war der Kuh zu helfen. Ungefähr vor einer Meile war er an einer Weide mit etwa zwanzig Kühen vorübergekommen. Er hatte sie im Gras liegen sehen. Diese Kuh hier musste von der Herde abgekommen sein. Plötzlich fiel ihm etwas ein. Er nahm die Beine unter den Arm und rannte los wie verrückt.

»Eily! Eily! Steh auf! Schnell!«, brüllte Michael. »Los, komm, wir dürfen keine Zeit verlieren!«

Eily streckte sich. Peggy schnarchte leicht. Eily bettete den Kopf der kleinen Schwester auf die Decke. Dann rieb sie sich die Augen – eben ging die Sonne unter. Fast war es dunkel. Sie musste stundenlang geschlafen haben.

»Kommst du, Eily? Wir haben noch eine winzige Chance. Bring Messer und Kanne mit!« Schon war er durch hohes Gras und Unkraut wieder davongerannt.

Eily warf ein paar Zweige auf das Feuer, es war fast ausgegangen. Dann griff sie nach dem Messer und der Wasserkanne und lief hinter Michael her.

Die Kuh

Warte, Michael!«, rief sie. »Was ist denn los? Wohin laufen wir?«

Er drehte sich um und gab ihr ein Zeichen still zu sein. Schon bald hatte er sie zu dem Graben geführt, wo – immer noch gefangen – die Kuh stand.

Eily war verblüfft. Michael wollte doch nicht etwa versuchen die Kuh zu schlachten! Eily strich der Kuh mit der Hand über das Hinterteil. Verzweifelt sah die

Kuh um sich, die feuchten Augen freundlich und sanft, aber voller Angst.

»Pass mal einen Moment lang auf«, sagte Michael hastig.

Eily sah sich um, entdeckte aber nichts Verdächtiges in der Nähe.

»Was willst du machen?«, zischte sie.

»Sie bluten lassen«, erwiderte er.

»Was?«, sagte Eily. »Aber du weißt doch gar nicht, wie man das macht!«

»Vater hat oft genug Geschichten erzählt aus der Zeit vor der Kartoffelfäule, als er und sein Vater das Vieh des Gutsherrn zur Ader gelassen haben. Komm, hilf mir.«

Er tätschelte die Kuh am Hals und fuhr gleichzeitig mit der anderen Hand über Brust und Seite, um nach einer Vene zu tasten. Sein Vater hatte gesagt, wenn man versehentlich die Hauptschlagader träfe, würde das Tier in wenigen Minuten verbluten. Er tastete lange, bis er eine geeignete Vene gefunden hatte. Eily gab ihm das Messer. Er machte einen Schnitt in die glatte Haut unter dem Hals, aber nichts geschah. Da vertiefte er den Schnitt und ein Tröpfchen Blut quoll heraus. Die Kuh brüllte und rollte entsetzt mit den Augen.

»Ruhig, altes Mädchen, ganz ruhig!«, murmelte Eily tröstend. Sie streichelte die Kuh und gab sich alle Mühe sie zu beruhigen. Michael drückte inzwischen mit den Fingern an der Wundöffnung herum. Erst kam das Blut langsam, doch dann strömte es nur so aus der Wunde und spritzte auf die Erde. Eily hielt die Kanne so, dass das Blut hineinfloss. Schneller und schneller schien das

Blut jetzt hervorzuschießen und in kürzester Zeit war die Kanne fast voll.

Michael erklärte Eily, dass sie, um die Blutung wieder zum Stillstand zu bringen, fest auf die Vene drücken musste. Er selbst mischte währenddessen einen Brei aus Lehm, Gras und Spucke. Den schmierte er auf den Schnitt. Es dauerte ungefähr noch zehn Minuten, bis der Blutstrom zu einem dünnen Rinnsal versickerte.

Das Tier war verstört. Die Kinder befreiten die Beine der Kuh von Ranken und Dornen. Dann schoben und zerrten sie sie aus dem Graben und führten sie auf das Feld. Michael dachte sich, dass es nur eine Frage der Zeit sein könne, bis der Hirte erscheinen und nach der Kuh suchen würde.

Keine fünf Minuten später hörten sie einen Mann nach der Kuh rufen! Obwohl sie ein ganzes Stück von der Stimme entfernt waren, erschraken sie und warfen sich in das hohe Gras. Hoffentlich waren sie gut versteckt! Eily hielt die kostbare Kanne umklammert. Zwanzig Minuten wagte sie nicht sich zu rühren, doch dann liefen sie, so schnell sie konnten, zu Peggy zurück.

Immer noch schlief sie friedlich. Eily legte ihr die Hand auf die Stirn und fand die Temperatur ziemlich normal.

»Erzähl, Michael – wie ist das mit dem Armenhaus? Ist es weit? Können wir dort Hilfe für Peggy erwarten?« Eily bombardierte Michael mit Fragen.

Michael wusste nicht, wo er anfangen sollte. Er senkte den Kopf, wich Eilys Blicken aus.

»Es hat alles keinen Zweck«, flüsterte er. Eily kauerte

sich neben ihn und legte ihre Hand auf seinen Arm. »Zum Armenhaus sind es ein paar Stunden zu laufen«, fuhr er fort. »Wir würden es nie schaffen, sie so weit zu tragen. Außerdem würde es sowieso nichts nützen.« Er schwieg einen Augenblick. »Es war grauenvoll, Eily. Man konnte das Gestöhn und Geschrei von der Straße aus hören. Und der Gestank! Es ist ein einziges Krankenlager. Die Leute sitzen vor dem Haus und warten auf ein Bett zum Sterben. Sie sehen aus wie lebendige Leichen. Gerade so eben noch lebendig. Und Essen – es gibt nichts, nicht ein bisschen. Wir können wirklich nirgendwo hin. Bis Castletaggart sind es noch zwei, drei Tage. Wir sind zu geschwächt – wir schaffen das nie. Mir ist schwindlig und in meinem Kopf dreht sich alles. Vielleicht ist es am besten, wir legen uns einfach hin und warten?«

»Und was ist mit der Kanne? Die haben wir doch jetzt. Immerhin was!«, brachte Eily hervor. »Das Blut wird uns ein bisschen Kraft geben.«

Sie stand auf, nahm die Kanne und goß so viel Blut in den Topf, dass der Boden bedeckt war. Wenn sie nur ein wenig Mehl oder etwas anderes zum Einrühren hätten! Im Essensbeutel ganz unten fanden sich noch ein paar Körner Getreide und leere Hülsen. Sie schüttete alles in den Topf. Stumm reichte ihr Michael den wilden Knoblauch. Sie streute etwas davon in die Mixtur, dann hielt sie den Topf über das niedrige Feuer. Sie passte auf, dass das Zeug nicht anbrannte, während es dickflüssig und allmählich fest wurde. Zuletzt sah es aus wie ein dunkelbrauner, fast schwarzer Kuchen. Sie teilte ihn, und Michael bekam die größte Portion.

Der Geschmack war streng und ungewohnt. Zögernd knabberte Eily an ihrem Stück, dann schluckte sie das krümelige Zeug schnell hinunter. Einen Teil hob sie – auf alle Fälle – für Peggy auf. Sie fühlten sich ausgelaugt und ruhten sich den ganzen Abend aus. Michael schlief ein.

Einmal schrie er, wie in einem Alptraum, laut auf.

Dann, es war wie ein Wunder, machte Peggy plötzlich die Augen auf.

»Eily – kann ich einen Schluck Wasser kriegen? Ich hab so Durst.«

Peggy war völlig überrumpelt von den Freudenschreien und Kosenamen, die Eily nun von sich gab. Eine ganze Kanne Wasser trank sie leer. Ihr Gesicht war schneeweiß, die Augen darin zwei riesige braune Flecken mit tiefen Ringen darunter. Eily nahm sie auf den Schoß und küsste sie von Kopf bis Fuß. Das Fieber war vergangen. Peggy war auf dem Weg der Besserung! Eily sang ihr ihre Lieblingslieder vor und versicherte ihr immer wieder, was für ein braves, kleines Mädchen sie sei.

Michael war ebenso überrascht, als er mitten am Vormittag erwachte und Peggy an den gekrümmten Baumstamm gelehnt dasitzen sah. Er zwinkerte ihr zu. Dann rannte er über die Wiese davon, pflückte einen Strauß Blumen und legte ihn in ihren Schoß. Peggy war geschmeichelt von so viel Aufmerksamkeit. Sie fühlte sich schwach und zittrig, hatte aber keine Ahnung, wie krank sie gewesen war. Eily gab ihr die restliche Portion Blutkuchen. Sie würde heute Abend noch einen machen. Nach einer Weile schlief Peggy wieder ein.

Michael und Eily beschlossen noch so lange zu bleiben, bis Peggy und auch sie selbst wieder so zu Kräften gekommen waren, um den letzten Abschnitt der Reise doch noch zu schaffen. Das war ihre einzige Chance.

In den nächsten Tagen hatten sie alle Hände voll zu tun mit der Nahrungssuche. Auch das Feuer musste in Gang gehalten werden. Das Blut hatten sie aufgebraucht.

Michael ging auch nachts los und einmal hatte er das Glück, eine Ratte und einen Igel zu fangen. Sie hatten ihre Empfindlichkeit längst abgelegt, sie wussten, dass es einzig und allein darauf ankam zu überleben. Brennnesseln gab es im Überfluss und jede einigermaßen reife Beere wurde gepflückt.

Endlich war Peggy wieder auf den Beinen. Am dritten Tag gingen Eily und Michael mit ihr an den Fluss. Peggy setzte sich auf einen Felsen, während Eily sie wusch. Danach prickelte ihr die Haut und Peggy hatte das Gefühl, dass nun die letzten Spuren der Krankheit abgespült waren.

Um die Mittagszeit frischte der Wind auf. Der Himmel hatte sich verfinstert, Wolken jagten darüber hin und verdeckten die Sonne.

»Wollen wir los?«, fragte Eily. »Meinst du, Peggy, dass du es schon schaffst?«

Die bleichen Gesichtszüge des kleinen Mädchens hatten allmählich wieder ein wenig Farbe bekommen.

»Ich will die Tanten finden, die den schönen Kuchen für Mutter gebacken haben!«, erwiderte Peggy.

Da sammelten sie ihre Habseligkeiten ein und warfen

Erde auf die Feuerstelle. Es sah aus, als würde es bald zu regnen anfangen. Am besten, sie machten sich wieder auf den Weg.

Castletaggart

Kein Wunder, dass vornehme Damen in Kutschen herumfahren, dachte Eily. Laufen ist nur etwas für Arme! Der Weg schien sich endlos hinzuziehen. Sie ging neben Peggy her und passte auf, dass sich die kleine Schwester nicht überanstrengte. Stumm und mit gesenkten Köpfen schlurften sie dahin, jeder in seine Gedanken versunken.

Sie kamen an einer Weide mit Kühen vorbei. Michael und Eily lächelten. Sie dachten an ihre Freundin, die Kuh. Ob sie sich noch an sie erinnerte? Kurz vorher hatte Michael den Mädchen die Abzweigung zum Armenhaus gezeigt.

Sie kamen langsam voran, hielten sich immer auf der Straße und ruhten sich häufig aus.

Einmal saßen sie vor der hohen Mauer eines großen Grundbesitzes. Die Mauer wachte wie eine Festung über die Ländereien, Gärten und Alleen eines alten Gutes. Das ansehnliche Haus mit den breiten Steintreppen, die prachtvollen Blumenbeete und Gartenanlagen blieben neugierigen Blicken verborgen.

Peggy beobachtete hingebungsvoll ein Heer Ameisen, das hin und her hastete und durch ein kleines Loch in einem staubigen Mauerstein verschwand. »Schaut mal, was hinter der Mauer ist!«, rief sie ihren Geschwistern zu. Doch Michael und Eily achteten nicht auf sie.

»Schau doch nur, Eily, hier gibt's Apfelbäume und Beerensträucher.«

Eily rannte hin und spähte durch den Spalt. »Ohhh!«, hauchte sie. Aber die Mauer war ja viel zu hoch – sechs Meter ungefähr und wohl extra gebaut, um hungrige Menschen abzuhalten. Michael ging am vorderen Mauerabschnitt entlang, er wollte untersuchen, ob sie an einer Stelle niedriger wurde, oder ob vielleicht irgendwo der Ast eines Baumes darüber hing.

Plötzlich hüpfte Peggy vor Begeisterung auf und ab und deutete auf eine Stelle in der Mauer, die rissig zu sein schien. Hohes Gras und Efeu zogen sich hier über die ganze Höhe der Mauer. Peggy schob den Efeu zur Seite und ein enges Loch kam zum Vorschein. Zwei, drei Mauersteine waren zerbröckelt und eingefallen. Nie würden sie da durchkommen.

»Ich komme da rein«, behauptete Peggy.

Es war Diebstahl, das wusste Eily, aber in diesen Zeiten war alles anders. Sie gab Peggy den fast leeren Essensbeutel.

»Versprich mir, Peggy, dass du auf der Stelle rauskommst, wenn du irgendwas hörst«, sagte Eily ernst.

Peggy nickte, dann verschwand sie durch den Efeu.

Eily ging an der Mauer entlang und versuchte durch einen schmalen Spalt zu linsen. Keine Spur von Peggy.

Eine Ewigkeit schien sie schon in dem Garten zu sein. Auch Michael ging nervös vor der Mauer auf und ab. Da erschien plötzlich Peggys dunkler Schopf hinter dem Efeu. Sie streckte Michael den prall gefüllten Beutel entgegen. Dann tauchte sie noch einmal weg. Als sie schließlich herauskletterte, hielt sie einen Strauß verschiedenfarbiger Gladiolen und schwerer, wachsartiger Pfingstrosen krampfhaft umklammert. Eily musste sich ein Lachen verbeißen.

Sie gingen ein Stück weiter die Straße hinunter, dann stiegen sie über einen Zauntritt. Im Schutz eines Dornengestrüpps, von der Straße aus nicht zu sehen, ließen sie sich zum Essen nieder.

»Das hättest du sehen sollen, Eily!«, seufzte Peggy sehnsüchtig. »Da waren alle möglichen Arten von Beeren und Obst!« Der Essensbeutel war schwer und voll mit Stachelbeeren, Himbeeren und riesigen Erdbeeren, außerdem steckten ein paar noch ziemlich harte, grüne Falläpfel dazwischen. »Eine kleine weiße Bank war da und ein Teich und mitten in dem Teich ein Ding, aus dem kam Wasser rausgespritzt, und überall sind kleine Fische rumgeschwommen. Ich hätte versucht einen zu fangen, aber sie waren sehr klein und ganz und gar golden. Drinnen war noch mal eine hohe Mauer und mittendrin ein weißes Tor. Alles war zugesperrt. Ich habe durchgeschaut und dahinter waren Felder mit Kohlköpfen, Blumenkohl, Karotten, Zwiebeln, Getreide – eine besonders große Sorte – und riesigen Kürbissen. Wenn das Tor bloß offen gewesen wäre!«

»Du hast deine Sache sehr gut gemacht, Peggy«, versicherte Eily der kleinen Schwester. Sie fuhren mit den Händen in den Beutel und balancierten sie mit Beeren gefüllt wieder heraus. Wie süß und saftig sie im Mund zergingen! Peggy bestand hartnäckig darauf, den Blumenstrauß mitzunehmen. Für die Tanten, sagte sie.

Am nächsten Morgen hatten sie alle drei Magenkrämpfe. Sie kauten Mary Kates Spezialkräuter und hofften auf etwas Linderung.

Ein Pfarrer im Einspänner mit einem kleinen Pferd davor kam vorbei. Sie fragten ihn, ob es noch weit bis Castletaggart sei. Als er sich umdrehte, um ihnen zu antworten, hielt er sich ein Taschentuch vor das Gesicht. Um sechs Uhr würden sie dort sein, versicherte er ihnen. Dann ruckte er am Zügel und fuhr in Richtung Castletaggart davon, ohne sie auch nur zu fragen, ob sie mitfahren wollten.

Peggy fing zu weinen an. »Wir kommen nie hin – es ist noch so weit – und meine Beine tun so weh!«

Eily bückte sich und massierte ihr die Waden. »Kann sein, es sind Wachstumsschmerzen. Du wirst doch jetzt ein großes Mädchen«, sagte sie aufmunternd. Michael bot Peggy an den schlaffen Blumenstrauß zu tragen.

Auf diesem letzten Abschnitt der Reise erschien ihnen jeder Schritt wie zehn und sie mussten sich zum Weitergehen zwingen. Kurz vor Einbruch der Dunkelheit kamen sie an. Castletaggart! Peggy blieb vor Staunen der Mund offen stehen und Michael bemühte sich um einen aufrechten, stolzen und sicheren Gang.

»Seht mal die Häuser!«, rief Peggy. »Und die Geschäfte!« Und sie zeigte mit dem Finger hierhin und dorthin.

Obwohl es beinahe dunkel war, und sie alle drei erschöpft bis auf die Knochen und am Ende ihrer Kraft waren, prickelte ihnen die Erregung in den Adern.

»Wo ist denn der Laden? Und die Tanten?« Peggy drangsalierte Eily pausenlos mit Fragen.

Eily kam es vor, als würde ein Traum wahr. Ein breites Lächeln zog über ihr Gesicht. Sie hatte es geschafft! Sie hatte ihre Geschwister heil hierher gebracht! Sie waren abgemagert und todmüde – aber sie waren in Castletaggart. Sie gingen durch die Stadt.

Ein, zwei Leute huschten an ihnen vorüber. Sie wichen den Blicken der Kinder aus, weil sie befürchteten um Hilfe gebeten zu werden. Im Ort war es ruhig, die Straßen fast leer. In den beiden Wirtshäusern saßen ein paar Männer und tranken Bier.

An der linken Straßenseite stand ein hohes, weißes Gebäude, breite Stufen führten hinauf und vor der Tür standen plaudernd Frauen und Männer. In einem riesigen, von einem Kronleuchter erhellten Raum standen gedeckte Tische.

Ein Soldat blieb stehen, als er die Kinder sah, dann kam er auf sie zu. »Los, los, ihr Rotznasen, schert euch vom Hotel weg. Wir wollen keine Bettler in der Stadt. Was habt ihr hier zu schaffen?«

Eily spürte, wie sie knallrot wurde. Plötzlich wurde ihr klar, wie übel zugerichtet sie aussehen mussten. »Wir suchen unsere Tanten«, erklärte sie. »Sie haben einen Laden hier.«

Ungläubig starrte der Soldat sie an. »Was soll das für ein Laden sein?«, wollte er wissen.

»Ein Laden mit Kuchen und Törtchen und Pasteten«, platzte Peggy heraus.

Der Soldat kratzte sich bei dieser Auskunft am Kopf, dann wies er sie schließlich in eine Nebenstraße.

Eily konnnte es nicht fassen – endlich waren sie angekommen. Das Herz hämmerte ihr in der Brust. Sie gingen durch das Nebensträßchen hinunter. Die Eingangstüren der Häuser waren direkt an der Straße. Eine blauweiße Tür sei an dem Laden, hatte der Soldat gesagt, und ein großes, breites, blaues Fenster mit weißen Rollläden. Endlich fanden sie es.

Die Rollläden waren heruntergelassen. Die Kinder klopften an die Tür, aber niemand kam. Dann versuchten sie es mit dem Türklopfer – es war anscheinend keiner zu Hause. Waren die Tanten womöglich ausgegangen? Die Kinder schlüpften in ein enges Seitengässchen und legten sich zum Schlafen hin.

Morgen würden sie es noch einmal versuchen.

Das Ende der Reise

Die Geräusche der Stadt weckten die Kinder auf. Sie streckten sich. Ihre Muskeln waren steif geworden. Eily wischte sich und den Geschwistern, so gut es ging, Staub und Schmutz von den Kleidern. Sie platzte vor Hoffnung und beinahe war sie vergnügt. Heute war der

Tag. Sie hatten es geschafft. Sie standen wirklich und wahrhaftig mitten in Castletaggart. Die Stadt, von der ihnen die Mutter so oft erzählt hatte.

Sie gingen das kurze Stück zum Laden zurück. Die Geschäftsleute richteten bereits ihre Waren her und bauten Ständer auf, die sie mit einer Auswahl ihres Angebots dekorierten. Der Besitzer des Haushaltswarenladens hängte Eimer, Töpfe, Pfannen und Krüge an Messinghaken an die Fassade seines Geschäfts. Schaufeln und Feuerzangen lagen neben der Tür. Peggy war so erstaunt von dem Treiben, dass sie nicht Acht gab, direkt in einen Aufbau grüner Gießkannen hineinlief und alles zum Einstürzen brachte.

Voll Verlangen starrten die Kinder in die Auslagen einer Lebensmittelhandlung. Wie gebannt hingen ihre Blicke an den vielen Esssachen. Säcke voll mit feinem und grobem Mehl lagerten dick und schwer unter dem Ladentisch. Von der Decke hingen verschiedene große Fleischstücke herab. Auf einem weiß gestrichenen Bord standen Gläser mit den unterschiedlichsten Süßigkeiten. Der Ladeninhaber polierte gerade behutsam die frischen Eier und legte sie in ein Weidenkörbchen. Seine Frau wog inzwischen kleine Tüten mit Tee ab. Die Kinder schluckten. Erst jetzt merkten sie, wie hungrig sie waren.

Eily nahm Peggy an der Hand und steuerte zielstrebig den Laden mit den weißen Rollläden an. Eine Frau mit einem Eimer Wasser und einem Wischlappen stand davor. Sie trug eine lange weiße Schürze.

Peggy platzte fast vor Aufregung. »Ist das eine von Mamis Tanten?«, wisperte sie.

Eily war nicht sicher. Langsam näherte sie sich der Frau, die jetzt emsig dabei war, Treppe und Weg vor dem Eingang zu scheuern. Die Frau drehte sich um und erblickte die Kinder.

»Verschwindet, ihr Strolche! Hier habt ihr nichts verloren. Los, los, macht euch fort, sonst hol ich die Soldaten!«

»Wir sind Eily, Michael und Peggy O'Driscoll«, fing Eily an. »Die Kinder von Margaret Murphy aus Drumneagh.«

Die Frau starrte sie an. »Kümmert mich einen Dreck, wer ihr seid. Ich kenn euch sowieso nicht. Macht jetzt, dass ihr wegkommt! Für solche wie euch gibt's das Armenhaus und die Straßen.« Eily verließ der Mut.

Peggy riss die Augen auf. Dicke Tränen glänzten in ihren Augen. »Du bist nicht unsere Tante!«

Die Frau schüttelte den Kopf. Dann drehte sie sich um, fing wieder zu wischen an und beachtete die Kinder nicht mehr. Eily trat noch einmal auf sie zu.

»Haben Sie, Madam, vielleicht einmal von den Murphys aus Drumneagh gehört? Nano und Lena waren die Schwestern unserer Großmutter. Sie müssen jetzt schon sehr alt sein. Sie haben einen Laden, einen Bäckerladen. Haben Sie vielleicht mal von ihnen gehört?«

Die Frau stellte den Schrubber zur Seite. Sie ging zur Straßenecke und deutete auf die andere Seite der Hauptstraße.

»Dort drüben ist eine Gasse, die kommt vom Marktplatz her. Die Marktgasse. Da war immer ein Laden, den zwei alte Damen geführt haben. Versucht es dort.«

Dann drehte sie sich auf dem Absatz um und machte kehrt. Kein Wort wollte sie weiter an die Kinder verschwenden. Sie griff nach Eimer und Lappen und schloss die Tür fest hinter sich.

Die Kinder blieben auf der Stelle stehen. Langsam füllte sich die Stadt mit Leben. Schließlich überquerten sie die Hauptstraße und fanden bald die Marktgasse. Zweimal gingen sie hinauf und hinunter. Keine Spur vom Laden der Tanten. Ställe waren hier und eine geschlossene Gemischtwarenhandlung, da fiel ihnen daneben ein Haus mit einem schmalen Erkerfenster auf. Die Farbe blätterte ab, der Eingang war schmutzig. Das könnte ein Laden gewesen sein!

Eily klopfte an die Tür und war überrascht, dass sie von allein aufging. Die Kinder tasteten sich durch einen düsteren, von einem hölzernen Ladentisch unterteilten Raum. Dahinter auf einem Brett stand eine Reihe staubiger Gläser und Konserven. Das kann es nicht sein, dachte Eily. Nicht der saubere, geschäftige Laden, in dem sich an Markttagen die Kunden gedrängt hatten. Eine Welle der Enttäuschung überkam sie.

Peggy fielen fast die Augen aus dem Kopf, als sie sich umsah. »Hier sind aber keine Kuchen und Pasteten! Wo sind sie?«

Eily versuchte sie zum Schweigen zu bringen. Hinter einem Vorhang auf der anderen Seite des Ladentisches tauchte eine alte Frau auf. Sie ging langsam und gebückt. Ihr weißes Haar war zu einem ordentlichen Knoten zusammengesteckt. Als sie die Kinder sah, bekreuzigte sie sich.

»Ihr armen, verhungerten Dinger! Ich habe gar nichts für euch da. Geht in die Stadt, da gibt es vielleicht eher eine Möglichkeit, dass ihr ein wenig Unterstützung bekommt«, sagte sie freundlich. »Wo ist denn euere Mutter und euer Vater, dass sie euch so allein herumziehen lassen?«

»Tante Lena«, sagte Eily. Ihre Stimme zitterte.

Die alte Frau stutzte. Sie starrte die Kinder an. Wandelnde Gerippe alle drei, nichts als Haut und Knochen. Der Junge starrte vor Dreck und die Kleine sah aus, als könne der geringste Windhauch sie schon umpusten. Und das größere Mädchen – es wirkte todmüde. Die alte Dame schüttelte den Kopf. Kaum vorzustellen, was sie in diesen schrecklichen Zeiten mitgemacht haben mussten!

»Tante Lena«, wiederholte Eily. »Du bist unsere Großtante. Wir sind die Kinder von Margaret und John O'Driscoll. Ich heiße Eily und das ist Michael und das ist unsere kleine Schwester Peggy.«

Mit offenem Mund starrte die alte Dame die Kinder an. Sie zog sich einen Stuhl heran und setzte sich. Forschend musterte sie die Kinder. Das ältere Mädchen war ihrer Mutter Margaret ähnlich. Aber sie sahen alle aus wie Bettler oder wie Kinder aus dem Armenhaus.

»Ich bin Lena Murphy«, sagte sie.

»Und wo ist die andere?«, plapperte Peggy los.

»Du meinst meine Schwester Nano? Sie liegt im Bett. Sie ist nicht ganz gesund und muss sich oft ausruhen.«

Peggy schob sich vor und drückte ihrer Großtante den schmutzigen, verwelkten Blumenstrauß in die Hand.

Lena musste lächeln. »Ich habe noch nie Kuchen mit Zuckerguss und glasierten Veilchen gegessen«, vertraute Peggy der Tante an.

Die alte Dame konnte keinen Blick von den Kindern wenden. Es war einfach nicht zu glauben, dass diese verkommenen Gassenkinder mit ihr verwandt waren. Ausgehungert sahen sie aus und ganz erschöpft. Sie mussten weit gelaufen sein. Sie führte die Kinder durch den Laden in die Küche und ließ sie sich hinsetzen. Dann stellte sie den Wasserkessel auf den Herd, holte frisches Brot heraus und ein Glas ihrer besten Pflaumenmarmelade. Zum Erzählen würde noch Zeit genug sein. Sie würde schon noch erfahren, was passiert war und wo John und Margaret waren. Doch zuallererst musste man die Kinder ein wenig füttern, sonst würden sie noch umkippen. Von oben war ein Klopfen auf dem Fußboden zu hören. Diese Nano! Ständig braucht sie was, dachte Lena. Na warte nur, du wirst noch dein blaues Wunder erleben, wenn du erst erfährst, wer in unserer Küche sitzt, und was es für Neuigkeiten gibt!

Eily sah sich um. Die Küche war alt, sie könnte ein wenig frische Farbe vertragen. Aber alles war sauber und ordentlich. Auf dem einen Bord stand schönes Steingutgeschirr, auf dem anderen Backschüsseln und Gläser in verschiedenen Größen. Auf jeden Fall waren sie, Michael und Peggy, wieder mit der Familie zusammen – das war das Wichtigste. Hoffentlich, hoffentlich konnten sie bleiben! Von oben war jetzt ein ärgerliches Aufstampfen zu hören, und gleich darauf ein Knarren auf der Holztreppe – eine hoch gewachsene Frau war heruntergekommen. Sie hatte ein rundes Gesicht, graue Locken hingen ihr bis auf die Schultern. Sie trug ein blaues Flanellnachthemd und um die Schultern hatte sie sich ein graues Tuch geschlungen. Ungläubiges Staunen stand ihr ins Gesicht geschrieben, als sie die Kinder sah.

»Hast du den Verstand verloren, Lena? Wie kannst du einen Haufen Bettler in unsere Küche lassen? Wir haben, weiß Gott, selber wenig genug – nächstens kriegen wir noch das Fieber. Raus mit euch, ihr kleinen Fratzen! Nutzt nicht die Gutmütigkeit einer alten Frau aus!« Nano hatte sich Luft gemacht.

»Willst du wohl still sein, Nano!«, sagte Lena energisch. »Das hier sind Margarets Kinder, Mary Ellens Enkelkinder – unser eigen Fleisch und Blut!«

Nano trat heran und nahm die Kinder in Augenschein. Trotz ihres ausgezehrten Äußeren und der Dreckschicht – ja, doch, es gab ein paar Ähnlichkeiten. Mit einem Plumps ließ sie sich in einen alten Polsterstuhl fallen und zog ihr Tuch enger um die Schultern.

»Wo kommt ihr her? Und wo ist Margaret?« Sie ließ einen Hagel von Fragen auf die Kinder losprasseln. Lena sagte tadelnd: »Lass sie jetzt erst mal einen Schluck Tee trinken – siehst du denn nicht, Mensch, dass sie vollkommen erledigt sind?«

Die Kinder nippten an dem heißen, süßen Tee mit Milch und stopften sich Brot und Marmelade in den Mund. Sie vertilgten den ganzen Laib. Die Tanten saßen da und betrachteten die Kinder. Keine sagte ein Wort, jede war tief in ihre Gedanken versunken.

Als die Kinder fertig waren, warf Lena noch zwei Stücke Torf auf das Feuer. Peggy ging zu ihr und kletterte auf ihren Schoß. Dann fingen Eily und Michael zu erzählen an – wie Vater zum Straßenbau gegangen war, wie Bridget, das Baby, starb und wie Mutter sich auf die Suche nach Vater gemacht hatte. Dann die Sache, wie sie ihre Hütte verlassen mussten und wie freundlich Mary Kate zu ihnen gewesen war. Sie erzählten von der schönen Landschaft und von der ständigen Suche nach etwas zu essen. Die schrecklichen Ereignisse auf dem Weg. Peggys schwere Krankheit und wie ihnen vor Erschöpfung jeder Knochen wehgetan hatte, weil sie so weit gelaufen waren. Wie sie dann endlich Castletaggart erreicht und die Marktgasse gefunden hatten. Eily sah auf. Die Tanten wurden gar nicht fertig mit Naseputzen und Augentrocknen.

»Also, das sag ich euch, Kinder, ihr werdet keinen Schritt mehr tun, so lange ich hier bin, und Nano. Wir haben nicht viel, wie ihr seht, aber Platz ist genug. Und mit der Zeit, wer weiß, wird der gute Herrgott Margaret und John herführen, damit sie euch finden.«

Lena war aufgestanden und breitete ihre Arme aus. Da endlich fiel eine Last von Eily ab. Nun war sie überzeugt, dass sie hier in ihrem neuen Zuhause bei Nano und Lena gut aufgehoben sein würden. Aber im selben Moment wusste sie auch, dass sie im Herzen immer bei der kleinen, strohgedeckten Hütte sein würden mit den flachen Steinen davor, dem verwilderten Garten und den Feldern ringsum. Und bei dem Weißdornbaum, durch den leise der Wind rauschte.

Thienemann Taschenbuch bei OMNIBUS

Kinderbücher
zum
Lesen und Vorlesen,
zum
Sammeln und Verschenken,
zum
Nachdenken und Träumen

Robert Bolt • Michael Bond • Achim Bröger
Michael Ende • Josef Göhlen • Sigrid Heuck • Tanja Kinkel
Max Kruse • Boy Lornsen • Ulrich Mihr
Otfried Preußler • Tor Seidler • Tina Spiegler
Ursula Wölfel • Elisabeth Zöller

OMNIBUS

Das Geheimnis von Lady Island

Siobhan Parkinson

Die Geschichteninsel

240 Seiten, ab 10, ISBN 3 522 17314 7

Sommer in Irland. Vier Jugendliche machen sich auf den Weg nach Lady Island, einer verlassenen Insel. Nach einem Picknick verschwinden ihre Rucksäcke und sie fühlen sich belauscht, ohne jemanden zu sehen. Als ein Unwetter aufzieht, suchen sie Schutz in einem verfallenen Haus. Es scheint, als habe dort jemand vor kurzer Zeit noch Feuer gemacht ...

Eine geheimnisvolle, abenteuerliche, poetische Geschichte der preisgekrönten irischen Autorin.

THIENEMANN